CB139527

Filmar o real

Consuelo Lins e Cláudia Mesquita

Filmar o real

Sobre o documentário brasileiro contemporâneo

ZAHAR
Jorge Zahar Editor
Rio de Janeiro

Copyright © 2008, Consuelo Lins e Cláudia Mesquita

Copyright desta edição © 2008:

Jorge Zahar Editor Ltda.
rua México 31 sobreloja
20031-144 Rio de Janeiro, RJ
tel.: (21) 2108-0808 / fax: (21) 2108-0800
e-mail: jze@zahar.com.br
site: www.zahar.com.br

Todos os direitos reservados.
A reprodução não-autorizada desta publicação, no todo ou em parte, constitui violação de direitos autorais. (Lei 9.610/98)

Capa: Miriam Lerner

CIP-Brasil. Catalogação-na-fonte
Sindicato Nacional dos Editores de Livros, RJ.

Lins, Consuelo

L731f Filmar o real: sobre o documentário brasileiro contemporâneo / Consuelo Lins, Claudia Mesquita. — Rio de Janeiro: Jorge Zahar Ed., 2008.

Apêndice
Inclui bibliografia
ISBN 978-85-378-0082-9

1. Documentário (Cinema) – Brasil. I. Mesquita, Claudia. II. Título. III. Título: Sobre o documentário brasileiro contemporâneo.

CDD: 791.430981
08-1873 CDU: 791.229.2(81)

Sumário

Em busca do real 7
Anos 90: o documentário ganha visibilidade 10
Tendências do documentário contemporâneo 14
Contrapontos com o documentário moderno 20
Presença da entrevista 27
A observação e o tempo 32
Documentário e auto-representação 38
Documentário e mídia: confrontos, diálogos 44
Documentário subjetivo e ensaio fílmico 51
Dispositivos documentais, dispositivos artísticos 56
Dispositivos e novas formas audiovisuais 62
Imagem e crença 69

Anexo:
Filmes documentais brasileiros lançados no cinema (de 1996 a 2007) 83

Notas 87
Referências bibliográficas 90
Créditos iconográficos 93
Agradecimentos 94

Em busca do real

Por que o documentário tem atraído um interesse crescente de realizadores, críticos e pesquisadores de cinema e conquistado uma parcela pequena mas considerável do público que freqüenta as salas de exibição no Brasil? Formulada de diferentes maneiras, esta questão paira no ar. Ela ecoa um interesse revigorado pela prática documental, que pode ser constatado pelo aumento de filmes produzidos na última década, a criação de festivais especialmente dedicados a essa modalidade de cinema, a ampliação de editais públicos e outras formas de fomento à realização de filmes documentais e a presença crescente – mesmo que ainda insatisfatória – de documentários independentes na televisão brasileira. Também são indicativos desse interesse os cursos que se espalham pelo país inteiro, o aumento de publicações, os debates sobre documentários em encontros e seminários e a discussão em torno de novos meios de exibição e distribuição.

Esse estado de coisas não se restringe ao Brasil. Os sinais da força do documentário contemporâneo são até mais consistentes em países da Europa – na França, particularmente –, nos Estados Unidos, Canadá, Japão, Israel, entre outros. É importante notar ainda que o interesse por imagens "reais" tampouco se limita ao campo do documentário: parece corresponder a uma atração cada vez maior pelo "real" em diversas formas de expressão artísticas e midiáticas. Parte significativa das ficções cinematográficas e mesmo televisivas tem investido em uma estética de teor documental, e são expressivas as adaptações de relatos literários cuja matéria são situações reais. Os telejornais e programas de variedades não se limitam mais às imagens estáveis e bem enquadradas, utilizando em muitas coberturas planos-seqüências tremidos e imagens de baixa qualidade registradas por microcâmeras, câmeras de vigilância, amadoras e de telefones celulares, buscando imprimir – ainda que de maneira limitada e "domesticada" – um "efeito de realidade" à assepsia estética que imperava no telejornalismo até o início dos anos 90. Os *reality shows* suscitam questões que atingem a prática documental, indagando direta ou indiretamente suas fronteiras, possibilidades e limites. É também cada vez mais comum expor imagens documentais em galerias e museus na forma de videoinstalações.

Em suma, as produções audiovisuais que circulam na televisão, no cinema, na internet, nos espaços de arte contemporânea, em dispositivos móveis como telefones celulares, são atravessadas por imagens "reais" de diferentes tipos (violentas, banais, protagonizadas por celebridades ou anônimos), capturadas por câmeras de formatos diversos. Desgaste das formas audiovisuais estabelecidas? Tentativas de revitalizar um espectador entediado a quem é preciso oferecer uma dose maior de "realidade" para quebrar a indiferença? Maneiras de satisfazer o desejo "voyeur" do público de ver sempre mais? Eis questões que nos estimulam a refletir sobre a situação do documentário no Brasil e com as quais, querendo ou não, o cinema documental tem hoje que se defrontar.

O contexto e o quadro ampliado do audiovisual brasileiro são complexos e, embora se façam presentes, não serão objeto direto de nossa análise. Este ensaio se atém à produção independente de filmes e vídeos documentais no Brasil a partir de meados dos anos 90, mas faz breves recuos às décadas anteriores para melhor distinguir rupturas e continuidades em relação ao documentário realizado no país desde os anos 60. Nosso esforço aqui foi o de retomar questões presentes na produção e na crítica ao longo dos últimos anos e abordar outras que nos parecem importantes para debater essa forma de cinema.[1] Esse procedimento implicou escolhas de filmes e autores, e nos fez deixar de fora um número considerável de obras recentes. Embora haja exceções, privilegiamos filmes já exibidos em salas ou na televisão, em função de sua circulação e maior presença no debate público. Mais do que a julgamentos de valor, nossas escolhas de obras correspondem à tentativa de identificar recorrências, caminhos representativos e traços novos nesta produção.

Anos 90: o documentário ganha visibilidade

O final da década de 90 é especialmente marcante para o documentário brasileiro: a produção de filmes está em franco crescimento, alguns títulos chegam à tela grande, a atenção do público e da crítica é cada vez maior. Três filmes se destacam em 1999: *Nós que aqui estamos por vós esperamos*, de Marcelo Masagão, que atinge um público de quase 59 mil espectadores; *Santo forte*, de Eduardo Coutinho, que chega a quase 19 mil; e *Notícias de uma guerra particular*, de João Salles e Kátia Lund, exibido em vários festivais e no canal de televisão a cabo GNT/Globosat, com grande repercussão. São filmes esteticamente distintos que expõem maneiras diversas de abordar temas e personagens. Cada um deles evidencia, de modo particular e emblemático, questões que perpassam toda a produção documental. O quadro é sem dúvida rico e promissor. O que o terá preparado?

Diferentemente do cinema brasileiro de ficção (sobretudo em longa-metragem), a produção documental não "sucumbiu" à crise que marcou a passagem dos anos 80 para os 90, com a extinção da Embrafilme, estatal produtora e distribuidora de cinema, pelo governo Collor de Mello.* Na trilha iniciada nos anos 80, seguiu seu destino de gênero "menor": realizado sobretudo em vídeo, manteve fortes ligações com os movimentos sociais que surgiram ou reconquistaram espaço com a redemocratização do país, restrito à pouca visibilidade fora do circuito de festivais, associações, sindicatos e TVs comunitárias – apartado, enfim, das principais janelas de exibição. A situação se modifica razoavelmente a partir da "retomada" do cinema brasileiro,** por vários motivos. A prática documental ganha impulso, primeiramente, com o barateamento e a disseminação do processo de feitura dos filmes em função das câmeras digitais e, especialmente, da montagem em equipamento não-linear. As vantagens técnicas, econômicas e estéticas dos equipamentos digitais sobre os analógicos permitem tanto a cineastas já consolidados quanto a jovens que se iniciam no documentário investir na realização de filmes a custos relativamente baixos.

Por outro lado, há estímulo objetivo à produção de cinema, a partir de meados dos anos 90, através de uma legislação de incentivo ancorada em mecanismos de renúncia fiscal, que torna atraente, para empresas privadas e estatais, o patrocínio a projetos audiovisuais – política cujos principais instrumentos são a Lei do Audiovisual e a Lei Rouanet, e que tem

* Sabe-se que no início da década de 1990 o cinema brasileiro de longa-metragem quase desapareceu. Apenas três filmes nacionais foram exibidos nas salas de cinema em 1992, e seu público correspondeu a 0,05% do total de espectadores de cinema naquele ano no Brasil (dados: portal *Filme B*, www.filmeb.com.br).

** Convencionou-se chamar de "retomada" a produção de cinema brasileiro a partir de meados dos anos 90 (de longa-metragem, em particular), que recobrou fôlego em função do estímulo à produção propiciado pelas leis de incentivo que entraram em vigor naquele período. O marco inaugural costuma ser o longa *Carlota Joaquina – Princesa do Brazil* (1995), de Carla Camurati.

estimulado também a criação de editais de fomento e "prêmios" visando à produção de documentários, tanto por órgãos e empresas públicas quanto por instituições culturais mantidas por empresas privadas (a exemplo do Programa Rumos Itaú Cultural Cinema e Vídeo, que em dez anos fomentou a realização de mais de 30 projetos de documentário).

Seria, contudo, exagerado afirmar, como aponta Carlos Augusto Calil, que o documentário conquistou na atual década de 2000 um mercado sólido no Brasil. O público dos longas documentais brasileiros dificilmente ultrapassa a faixa dos 20 mil espectadores.* A política de incentivo à produção esbarra no problema concreto da distribuição e comercialização. Muitos filmes documentais são produzidos, mas em geral lançados com pouquíssimas cópias, quando lançados – o que, claro, tem influência direta sobre o número de espectadores.** Mesmo assim, há novidades consideráveis. Uma

*Embora o documentário tenha correspondido, em 2007, ao segundo "gênero" com maior número de lançamentos no mercado brasileiro (posicionando-se depois de "drama" e superando "comédia", "animação", "aventura" e "ação"), os filmes brasileiros são lançados de modo tímido e restrito. Mas as exceções se multiplicam. Em 2007, filmes como *Cartola – música para os olhos*, de Lírio Ferreira e Hilton Lacerda, *Pro dia nascer feliz*, de João Jardim, e *Santiago*, de João Salles, tiveram mais de 50 mil espectadores. Um dos casos mais importantes, em termos de mercado, foi o de *Janela da alma* (2002), de Walter Carvalho e João Jardim, que fez 133 mil espectadores, com quatro cópias em cartaz, durante 26 semanas. *Vinícius* (2005), de Miguel Farias Jr., ainda é o recordista da retomada, contabilizando mais de 270 mil espectadores no cinema (dados: *Filme B* e C.A. Calil, *A conquista da conquista do mercado*).

** Segundo dados do portal *Filme B*, havia 34 longas documentais brasileiros prontos em fins de 2005 – e desses, apenas 14 tinham distribuidora definida. Uma alternativa a esse nó tem se apresentado na exibição digital, já experimentada por longas documentais de baixo orçamento como *Morro da Conceição* (Cristiana Grumbach, 2005). Esse modelo de negócio, cada vez mais freqüente, diminui custos de finalização e permite aproximar o delas é o fato de o documentário ter conquistado a "tela grande" do cinema, janela do mercado "até então interditada a este gênero", como lembra Calil.[2] O documental brasileiro da retomada é, de um modo geral, longo e almeja a tela grande: desde 1996, foram lançados comercialmente mais de 100 longas documentais brasileiros – o formato tradicional até os anos 90 eram o curta e o média-metragens, com raras exceções.* Por outro lado, programas públicos de fomento via editais, cujo principal exemplo é o DOCTV, permitiram o estabelecimento de uma relação mais consistente e continuada entre a produção independente e a TV aberta, fato raro na história do audiovisual brasileiro.

Se o documentário brasileiro ainda procura seu público, tais programas apostam na janela da televisão e evidenciam outra dimensão: a presença, na atualidade, de iniciativas que investem na democratização do acesso à realização de conteúdos audiovisuais, às vezes visando a novas modalidades de formação e inclusão. Programas do Ministério da Cultura como o Revelando os Brasis (dirigido a realizadores de municípios com até 20 mil habitantes) apontam outros papéis para o documentário hoje: lugar da produção de imagens "menores", da realização de auto-representações, da afirmação da diversidade de experiências, identidades e linguagens.

---

documentário do público, minimizando a distância entre produção e comercialização.

* Como é o caso de *Os anos JK* (1980) e *Jango* (1984), de Silvio Tendler. Exibidos em salas de cinema, fizeram, respectivamente, 800 e 558 mil espectadores. Dados: www.ancine.gov.br.

Tendências do documentário contemporâneo

Em 1999, a quarta edição do "É Tudo Verdade – Festival Internacional de Documentários" decide incluir na sua seleção filmes produzidos em diferentes formatos e não apenas em película, o que faz com que as inscrições brasileiras, que até então giravam em torno de 15 filmes, alcancem a marca de 130 trabalhos.* E premia *Nós que aqui estamos por vós esperamos*, de Marcelo Masagão, filme que o diretor realizou em computador doméstico, sem grandes recursos, em um trabalho árduo de edição de imagens de arquivo.

No filme, Masagão refaz a seu modo um gesto que será cada vez mais freqüente em uma certa produção ensaística contemporânea: a retomada e manipulação de imagens alheias, a maioria delas extraída de cinematecas, museus e televisões. O filme é feito de fragmentos de imagens produzidas ao longo

* Para se ter uma idéia do crescimento da produção dos anos 90 para cá, o número de filmes brasileiros inscritos na primeira edição do mesmo festival, em 1996, foi de 45, contra 400 em 2007. A criação (pelo crítico de cinema Amir Labaki) e consolidação do "É Tudo Verdade" parecem indicar, portanto, a revitalização do gênero documental no Brasil.

do século XX, nas quais o diretor destaca biografias reais, insere pequenas ficções, inventa personagens, retira-os do anonimato das "atualidades cinematográficas", dando-lhes origem e destino. Serve-se de pequenas frases inscritas na imagem, e também de fusões, sobreposições, mudanças de velocidade e diferentes telas para realizar um filme que custou apenas 140 mil reais – 80 mil deles usados na compra dos direitos autorais de arquivos audiovisuais espalhados pelo mundo. O restante foi usado na transferência do trabalho final para 35mm nos Estados Unidos. Essa experiência quase artesanal, propiciada principalmente pela edição não-linear, explicitou algo que já se identificava em muitos trabalhos do final da década de 90: que as condições de produção do documentário haviam definitivamente mudado, e que era possível realizar praticamente sozinho um filme para ser exibido na tela grande.

Notícias de uma guerra particular, de João Salles e Kátia Lund, é parte de um dos experimentos bem-sucedidos, no campo do documentário, de relacionamento entre um canal por assinatura (GNT/Globosat) e uma produtora independente (a carioca Videofilmes) – parceria que gerou séries importantes, como *Futebol* (1998), de João Salles e Arthur Fontes, e *6 histórias brasileiras* (2000), de João Salles e Marcos Sá Corrêa, entre outros diretores. Realizado entre 1997 e 1998, *Notícias de uma guerra particular* aborda os impasses da guerra insana entre policiais e traficantes nos morros e periferias do Rio de Janeiro, e os efeitos do conflito na vida cotidiana da população pobre, moradora dessas regiões conflagradas. Embora tenha o morro Santa Marta como locação privilegiada, particularizando em alguns momentos a abordagem, o filme realiza um diagnóstico da escalada de violência no Rio relacionada historicamente ao tráfico de drogas.

Os diretores optaram por ouvir exclusivamente os envolvidos na questão, prescindindo de depoimentos de típicos es-

Notícias de uma guerra particular: tráfico de drogas, contrabando de armas, violência e pobreza na pauta da produção audiovisual.

pecialistas, embora as trajetórias do então chefe da Polícia Civil do Rio de Janeiro Hélio Luz e do escritor Paulo Lins os posicione de modo diferenciado entre os personagens. O depoimento de um soldado do Batalhão de Operações Especiais, Rodrigo Pimentel,* é um desabafo que expressa com precisão a inutilidade, o desgaste e a aparente ausência de qualquer objetivo concreto nas políticas de segurança pública de combate ao tráfico de drogas. Ele fala francamente de seu cotidiano e consegue uma empatia com o espectador extremamente rara no que diz respeito à imagem do policial no Brasil. Talvez seja o único personagem efetivo desse filme, realizado sem roteiro, na "urgência" e no "improviso", segundo o próprio diretor, fruto de "um desejo de ser testemunha"[3] – e por isso é um filme que difere de uma certa "estética da observação", mais freqüente no cinema de Salles.

Desesperançado, o documentário não oferece consolo ao espectador, não lhe dá escapatória, coloca-o frente a frente com policiais exauridos, traficantes nada românticos, menores presos sem

---

*Hoje afastado do Bope, o ex-comandante assina o roteiro do filme *Tropa de elite* (com Bráulio Mantovani e o diretor José Padilha), inspirado em seu livro *Elite da tropa* (co-autoria com Luis Eduardo Soares e André Batista).

qualquer possibilidade de recuperação, moradores rendidos. Trata-se de um filme crucial para a inclusão das questões envolvendo tráfico de drogas, contrabando de armas, violência e pobreza na pauta do audiovisual nacional. *Notícias* concentra e deixa nítidas tensões da violência carioca presentes em muitos filmes de ficção dos anos 90, a exemplo de *Como nascem os anjos* (1996), de Murilo Salles, *O primeiro dia* (1998), de Walter Salles – que ajudou o irmão João no documentário –, e *Orfeu* (1999), de Cacá Diegues; e antecipa problemas que serão retomados em filmes da década seguinte, tais como *Cidade de Deus* (2002), de Fernando Meirelles e Kátia Lund, *Quase dois irmãos* (2004), de Lúcia Murat, e *Tropa de elite* (2007), de José Padilha. É como se o documentário estabelecesse um pano de fundo, destrinchasse os mecanismos da violência e se apresentasse como síntese de uma situação com a qual todo filme realizado nas periferias e morros do Rio teria, dali para a frente, que se confrontar – ainda que na forma de recusa.

Na produção documental, *O rap do pequeno príncipe contra as almas sebosas* (2000), de Paulo Caldas e Marcelo Luna, reencontra essa mesma temática na periferia do Recife a partir da trajetória de um matador e de um músico, mas o excesso de fragmentação e uma câmera por vezes frenética demais bloqueiam uma construção mais consistente dos personagens. É *Ônibus 174* (2002), de José Padilha e Felipe Lacerda, que se filia mais diretamente a *Notícias*, reutilizando imagens, refazendo entrevistas com alguns personagens e retomando o mesmo tipo de trilha sonora. Ainda que dedicado à trajetória de um único indivíduo, o filme não se esgota numa subjetividade: é notável o alcance social e político desse documentário, construído a partir de um trabalho exaustivo de investigação e "ressignificação" de arquivos televisivos.

Já *Santo forte* (1999) marca a volta de Eduardo Coutinho à tela grande, quinze anos depois de *Cabra marcado para morrer*, até então o único documentário do diretor com exibição comercial em salas de cinema. O filme inicia a fase mais produtiva do cineasta – a partir de então, uma média de um filme por ano –, dando-lhe um reconhecimento que ele não esperava mais. Baseado essencialmente nas falas de 11 moradores de Vila Parque da Cidade (favela na Zona Sul do Rio) sobre suas experiências religiosas, associadas a menos de cinco minutos de imagem "pura" (como Coutinho costuma definir os planos em que não há pessoas falando), o documentário inaugura um minimalismo estético que será a marca do diretor nos filmes posteriores: sincronismo entre imagem e som, ausência de narração over,* de trilha sonora, de imagens de cobertura. Trata-se de uma operação de "subtração" de tudo o que não lhe parece essencial, de um exercício de eliminação que exige muito esforço e uma postura extremamente ativa, que pensa, repensa e discute o que está sendo produzido, distante de qualquer passividade ou submissão diante do real.

Coutinho radicaliza em *Santo forte* a aposta de filmar a palavra do outro e concentra-se no encontro, na fala e na transformação de seus personagens diante da câmera. O momento da filmagem tem para o diretor uma dimensão quase mística. Ali, no encontro com o outro, é tudo ou nada. Coutinho mantém uma escuta ativa e procura se abster de qualquer julgamento moral diante do que dizem as pessoas

* Embora as expressões "voz off" e "narração off" sejam mais usuais, optamos por "voz over" e "narração over", neste ensaio, por considerá-las mais precisas. O "over" remete à sobreposição às imagens de vozes externas, alheias à cena, enquanto o "off" diz respeito às vozes que estão fora de quadro, mas pertencem ao universo sonoro da cena em questão.

filmadas, que constroem – na "cena" provisória da entrevista – seus auto-retratos, sendo responsáveis pela elaboração de sentidos e interpretações sobre sua própria e singular experiência.[4] Não correspondem a "tipos" com um perfil sociológico determinado, não fazem parte de uma estatística, não justificam nem provam nenhuma tese do diretor. Ambigüidades e sentidos múltiplos não são "resolvidos" na montagem; contradições não ganham uma síntese, mas são postas lado a lado.

É nesse filme que Coutinho percebe a importância, para o seu cinema, de filmar em um espaço restrito, em uma "locação única", que permite estabelecer relações complexas entre o singular de cada personagem, de cada situação e algo como um "estado de coisas" da sociedade brasileira. Como falar de religião no Brasil? Percorrendo o país inteiro? Como falar da favela? Filmando várias? A abordagem de Coutinho em *Santo forte* não deixa dúvidas: filmar em um espaço delimitado e, dali, extrair uma visão, que evoca um "geral" mas não o representa nem o exemplifica.

Dona Thereza, estrela de *Santo forte*, de Eduardo Coutinho, constrói o seu auto-retrato no encontro com o diretor, na situação de filmagem. Na foto inferior, o plano do quintal vazio é um exemplo de "imagem pura" no cinema de Coutinho: uma imagem sem falas.

Contrapontos com o documentário moderno

A recusa do que é "representativo" e o privilégio da afirmação de sujeitos singulares são dois traços marcantes de diferenciação entre o documentário contemporâneo brasileiro e o chamado documentário moderno, em particular aquele produzido no decorrer dos anos 60. Quando falamos em documentário "moderno" estamos nos referindo a um conjunto de obras em 16 ou 35mm, de curta ou média metragens e circulação restrita, realizadas sobretudo por documentaristas ligados ao Cinema Novo. Interessa-nos sublinhar brevemente suas principais características, na medida em que há, desde então, um diálogo permanente entre a produção posterior aos anos 60 e esse primeiro momento do documentário social, crítico e independente no Brasil. São filmes que abordam criticamente, pela primeira vez na história do documentário brasileiro, problemas e experiências das classes populares, rurais e urbanas, nos quais emerge o "outro de classe"* – pobres, desvalidos,

* Conceito utilizado por Bernardet para caracterizar o tipo de construção, pelos filmes, de seus "objetos", e a relação de alteridade privilegiada por

excluídos, marginalizados, presença constante em nosso documental desde então, sob diversos recortes e abordagens.

Dar voz a esse "outro" desconhecido torna-se questão importante para os cineastas, e a entrevista – possibilitada pelo advento das técnicas de gravação de som direto* – torna-se um procedimento privilegiado. A "voz do povo" faz-se portanto presente, mas ela não é ainda o elemento central, sendo mobilizada sobretudo na obtenção de informações que apóiam os documentaristas na estruturação de um argumento sobre a situação real focalizada. As falas dos personagens ou entrevistados são tomadas como exemplo ou ilustração de uma tese ou argumento, este, muitas vezes, elaborado anteriormente à realização do filme, não raramente a partir de teorias sociais que forneciam explicações tidas como universalmente aplicáveis. Trata-se de um conjunto de filmes que remetem ao modelo que Jean-Claude Bernardet definiu, em seu livro *Cineastas e imagens do povo*, de 1985, como "sociológico", e cujas características convergem, em inúmeros aspectos, para a estética do documentário clássico. Em especial, os mecanismos de produção de significação do filme, centrados na relação entre o particular e o geral.

alguns dos 23 documentários que analisou em seu indispensável estudo sobre o moderno documentário brasileiro: *Cineastas e imagens do povo*, lançado em 1985.

*A partir do começo dos anos 60, a captação de som direto se torna pouco a pouco usual, com a popularização dos gravadores portáteis Nagra e de câmeras 16mm mais leves. O primeiro representante do Cinema Novo a ter contato com a técnica do som direto foi Joaquim Pedro de Andrade, que a experimentou de modo pioneiro (mas ainda precariamente, por indisponibilidade de equipamentos) em *Garrincha, alegria do povo* (1962). Realizados em 1963/1964, *Maioria absoluta* (Leon Hirszman) e *Integração racial* (Paulo César Saraceni) são considerados os primeiros filmes efetivamente "diretos" brasileiros, seguidos da primeira leva de produções de Thomaz Farkas em São Paulo. Para mais informações, ver "A descoberta da espontaneidade", de David Neves.

A forma do documentário brasileiro nos anos 60 é, portanto, bastante híbrida, dividindo-se entre o projeto de "dar a voz" (através de entrevistas) e a proposta de totalizar e interpretar situações sociais complexas, manifestada sobretudo pelo comentário do narrador, pelo uso da música, pelas entrevistas com especialistas e autoridades, e também pela montagem trabalhada de modo retórico. Diferentemente de movimentos inovadores do documentário nesse período – tais como o Cinema Verdade francês e o cinema direto norte-americano, que aboliram a narração over desencarnada, onisciente e onipresente, em favor de um universo sonoro rico e variado –, a forma documental brasileira se deixa contaminar por procedimentos modernos de interação e de observação, mas não se transforma efetivamente. As implicações políticas do Cinema Novo parecem ter criado uma situação especial para o documentário, que continuou recorrendo à "voz do saber" para construir com clareza os significados sociais e políticos visados pelos filmes. Portanto, a narração explicativa perdura e expressa um modelo bastante característico da primeira metade dos anos 60 no Brasil: o do cineasta/intelectual que se julga no papel de intérprete que aponta problemas e busca soluções para a experiência popular.*

Várias circunstâncias fizeram com que esse modelo de documentário sofresse mudanças ao longo das últimas décadas, e o quadro é bem mais complexo do que podemos desenvolver aqui. Cabe, no entanto, destacar alguns momentos dessa

* Por seu caráter panorâmico, nossa abordagem não destaca as singularidades dos filmes do período, bem mais diversos do que este breve apontamento poderia sugerir. Nem todos conjugam nos mesmos termos as características do filme "sociológico", interpretativo, com pretensões generalizantes. Um comentário sobre a diversidade desta produção se encontra no texto "A Caravana Farkas e nós", de Cláudia Mesquita.

trajetória que contribuíram para problematizar opções éticas e estéticas do documentário dos anos 60, imprimindo modificações a essa estrutura. Algumas características se mantêm dominantes, tais como a atitude dos cineastas de filmar indivíduos pertencentes a segmentos sociais diferentes dos seus, mas as aproximações se diversificam e escapam da "exterioridade" do diretor em relação a quem é filmado e dos "tipos sociais" presentes, de diferentes maneiras, em filmes como *Viramundo* (1965), de Geraldo Sarno, *Opinião pública* (1966), de Arnaldo Jabor, *Maioria absoluta* (1964-66), de Leon Hirszman, entre outros.

Uma das respostas, já nos anos 70, aos limites da tendência "sociológica" encontra-se em curtas documentais que buscaram "promover" o sujeito da experiência à posição de sujeito do discurso; tentativas e propostas para que o "outro de classe" se afirmasse sujeito da produção de sentidos sobre sua própria experiência. Uma dessas vias se materializou na radicalização do ímpeto de "dar a voz". Em alguns filmes (como *Tarumã* (1975), de Aloysio Raulino), Bernardet observa certa "magreza estética", "poesia menos" ou "estilo pobre", pouco retórico, que reduz sua forma de expressão ao mínimo, para que "o outro de classe assuma o discurso e não seja abafado pela voz do cineasta".[5] Outro experimento, também levado a cabo por Raulino, é *Jardim Nova Bahia* (1971), em que o cineasta entrega a câmera a Deutrudes, migrante nordestino, para que ele filme "sem qualquer interferência do diretor", como informam os créditos finais. Raulino abdica de sua posição e constrói o documentário também com imagens produzidas pelo personagem (num esforço de compartilhar não apenas a voz, mas o olhar do filme).

Ainda na década de 70, experiências menos marginais, como os documentários realizados no programa de televisão *Globo Repórter*, permitem testar outras formas de abordar a realidade. Driblando tanto a censura da ditadura quanto a direção de jornalismo da TV Globo, a equipe formada por jornalistas e cineastas consegue realizar em alguns filmes um trabalho autoral de filmagem e montagem, distante da estética-padrão do programa que já começava a se consolidar e contava com um apresentador e narrador oficial. Câmera na mão em muitas cenas, longos planos-seqüências, ausência de narração over, personagens fugindo das tipificações, mistura de ficção com documentário, são elementos que singularizam essa produção, abrindo perspectivas interessantes para o documentário da época.

Mas as premissas do documentário brasileiro moderno são mais profundamente contestadas no início da década de 70 nos filmes de Arthur Omar – *Congo* (1972), especialmente – e no célebre texto-manifesto do diretor, O *antidocumentário, provisoriamente*, do mesmo ano. Omar implode, nessas intervenções, as boas intenções dos documentaristas de então: tematiza a exterioridade que motiva a realização de todo projeto de documentário ("Só se documenta aquilo de que não se participa"), evidencia a distância entre o saber documental e seus objetos, afirma a mediação como o que verdadeiramente interessa e explicita a natureza "falsa" de toda e qualquer imagem. Menos preocupado em contestar o documentário mas igualmente demolidor de todas as premissas do gênero, Glauber Rocha realiza *Di/Glauber* (1977), em torno do velório e enterro do pintor Di Cavalcanti, talvez o primeiro documentário efetivamente subjetivo do cinema brasileiro. *Congo* e *Di/Glauber* são filmes experimentais, reflexivos, ensaísticos; obras em que a intervenção dos cineastas é central e explícita, realizadas a partir de um material audiovisual heterogêneo, e nas quais o que importa não são as "coisas" propriamente, mas a relação que se pode estabelecer entre elas. Filmes que deixam claros os limites da representação documental e propõem novas formas de relação com o espectador, mas foram infelizmente muito pouco vistos. A exibição de *Di/Glauber* é até hoje proibida no Brasil, em função de um processo movido pela família do pintor.

É *Cabra marcado para morrer* (1964/1984), de Eduardo Coutinho, o filme que reúne, sintetiza e indica novos caminhos para o documentário brasileiro, transformando-se em um "divisor de águas", segundo Jean-Claude Bernardet, entre o cinema moderno dos anos 60 e 70 e o documentário das décadas de 80 e 90. Em vez dos grandes acontecimentos e dos grandes homens da história brasileira, ou de fatos e pessoas exemplares, o filme se ocupa de episódios fragmentários, personagens anônimos, aqueles que foram esquecidos e recusados pela história oficial e pela mídia. *Cabra marcado* efetua desvios significativos nas formas de se fazer documentário no Brasil, mas não deixa de dialogar com diferentes estéticas documentais e da reportagem televisiva, retomando algumas delas e reinventando outras.

A história de *Cabra* é conhecida. Iniciado e interrompido em 1964, pelo golpe militar, o projeto tencionava contar a trajetória do líder camponês João Pedro Teixeira, assassinado a mando de latifundiários, tendo camponeses como atores de uma ficção inspirada em "fatos reais" (a viúva de João Pedro, Elizabeth Teixeira, desempenhava o seu próprio papel). Quando Coutinho retoma o filme na década de 80, não se trata mais de implantar um projeto estético coletivo, engajando camponeses e intelectuais numa experiência comum, com fins didáticos e de promoção da luta camponesa. Trata-se agora de um indivíduo em busca de outros indivíduos. Os camponeses que o cineasta reencontra estão transformados pela experiência histórica que viveram, assim como o projeto de filme se transformou nos quase vinte anos que separam uma filmagem da outra, anos de ditadura militar. Coutinho volta para ouvir os camponeses e expor a experiência anterior a um balanço – os balanços possíveis, agora, são individuais.

Sua postura em 1981 (quando o filme é retomado) é de disponibilidade e abertura para o encontro. Trata-se de abrir a câmera para a complexidade das representações que os camponeses fazem de sua experiência e de sua história, muitas vezes contraditórias. O *Cabra* de 1984, centrado em entrevistas, é um filme aberto, sem certezas. Coutinho aposta no processo de filmagem como aquele que produz acontecimentos e personagens; aposta no encontro entre quem filma e quem é filmado como essencial para tornar o documentário possível. A entrevista não é mais simples depoimento nem dar a voz, mas um diálogo fruto de permanente negociação em que as versões dos personagens vão sendo produzidas em contato com a câmera. Trata-se de um filme que, para Ismail Xavier,[6] encerra simbolicamente o período "estética e intelectualmente mais denso do cinema brasileiro", marcado pela tradição do cinema moderno, articulando de forma inventiva e heterogênea a dimensão estética com as questões políticas nacionais.

Presença da entrevista

Cabra marcado para morrer pode ser visto também como marco inaugural, na obra de Eduardo Coutinho, da ênfase na palavra falada, enunciada nas conversas entre diretor e personagens, observados pelo aparato cinematográfico. *Santo forte* radicaliza essa postura e evidencia, ao mesmo tempo, parâmetros de uma abordagem que se tornou muito influente no documentário brasileiro ao longo dos anos 80 e 90: o privilégio da entrevista, associado à retração na montagem do uso de recursos narrativos e retóricos, particularmente da narração ou voz over, considerada uma intervenção excessiva, que dirige sentidos, fabrica interpretações. É como se a predisposição de dar a voz aos sujeitos da experiência (já presente no documentário do Cinema Novo, mas então associada à voz over interpretativa ou totalizadora) fosse ganhando força, a ponto de abolir ou subjugar outras formas de abordagem.

Embora bastante distintos entre si, filmes como *2000 nordestes* (2001), de David França Mendes e Vicente Amorim, *Janela da alma* (2002), de João Jardim e Walter Carvalho, *Morro da Conceição* (2005), de Cristiana Grumbach, *Estamira* (2006), de Marcos Prado, *Em trânsito* (2006), de Henri

Gervaiseau, e *Pro dia nascer feliz* (2007), de João Sardim, entre outros, expõem a presença decisiva desses traços.

Mas, ainda que a entrevista seja utilizada como estratégia de abordagem central, os assuntos, dispositivos e composições finais são variados. Pode haver um tema amplo como norte (como é o caso do "olhar" em *Janela da alma*); ou a aposta na associação entre uma temática específica e a experiência dos moradores de um local (como é o caso do trânsito na cidade de São Paulo, no longa *Em trânsito*, que trabalha entrevistas com moradores de diferentes regiões da capital, mas também acompanha o cotidiano dos personagens em seus fluxos pela cidade); ou ainda uma circunscrição espacial mais rigorosa, privilegiando a experiência de um determinado grupo de moradores (como se vê em *Morro da Conceição*).

Neste último, a presença da entrevista se associa intimamente ao trabalho da memória e ao tempo de narrar de seus personagens, oito dos mais velhos moradores dessa região no Centro antigo do Rio de Janeiro. O filme alinhava essas conversas, numa alternância entre segmentos temáticos que tecem uma memória coletiva (os tempos antigos do bairro e da cidade, o carnaval, a Rádio Nacional...) e outras seqüências mais individualizadas que se dedicam às histórias de cada um dos personagens. Pontuando os segmentos, longos planos gerais fixos de algumas ruas e recantos, tomados no decorrer de um dia – neles, o tempo presente do morro da Conceição escorre entre minúsculos acontecimentos cotidianos. Na montagem das entrevistas e nas pontuações, o documentário elabora um tempo próprio, propiciatório. Entre fotografias, casos, lapsos e silêncios, os personagens criam, na interação com a diretora, as "imagens" de um tempo perdido. Suas performances, mais até do que o conteúdo narrativo das histórias, expressam a imbricação entre memória e esquecimento.

Já em *Estamira*, a entrevista aparece associada a outros procedimentos, inclusive ao registro cuidadoso do cotidiano, e o filme pode ser visto como uma síntese entre a busca de formas mais plásticas – numa tendência documental contemporânea que dialoga com a videoarte – e a atenção ao encontro praticada por Eduardo Coutinho. Não apenas um trabalho de apreensão e expressão estética do universo da personagem Estamira, mas de longo e denso relacionamento com ela, senhora com problemas mentais, trabalhadora de um lixão na periferia do Grande Rio, várias vezes visitada pela reduzida equipe de gravação. O diretor prefere, na montagem, excluir sua voz na interação com a personagem, diferenciando-se de um uso da entrevista mais próprio a um "cinema conversa", como se vê nos filmes de Coutinho e em *Morro da Conceição*.

O tema é semelhante ao de *Boca de lixo* (1992), vídeo de Eduardo Coutinho, mas a representação empreendida em *Estamira* é bem diversa, ainda que saibamos do esforço de singularização das trajetórias de alguns catadores realizado pelo documentário de Coutinho, que visa a confrontar o estereótipo e busca a afirmação de sujeitos. Em *Boca de lixo* nota-se a proposta de resistir ao estigma que marca a representação pública de um grupo social marginalizado, remetendo, em alguma medida, a perspectiva dos sujeitos entrevistados a uma comunidade de sentido e experiência. Em *Estamira*, diversamente, vê-se uma notável radicalização do esforço de subjetivação já presente em *Boca de lixo*. O documentário nos permite refletir sobre o esvaziamento da vontade de representatividade, a favor de uma aposta na afirmação singular de uma única mulher. Este empenho se traduz em fotografia, som e montagem, e poderíamos afirmar, com Leandro Saraiva, que "a força de Estamira, sua subjetividade transbordante e arrebatada, contamina e conduz a expressão cinematográfica".[7]

Equacionada a outros procedimentos de abordagem e trabalhada com rigor em longas como *Estamira*, a entrevista aparece como estratégia recorrente, diluída em muitos trabalhos recentes. É provável que o primeiro a chamar atenção publicamente para a hipótese de que "a entrevista virou cacoete" tenha sido Jean-Claude Bernardet, na segunda edição de *Cineastas e imagens do povo* (2003). No artigo "A entrevista", um dos apêndices ao texto original, Bernardet constata o crescimento da produção de documentários cinematográficos no Brasil desde fins dos anos 90, mas adverte que tal *boom* não corresponde a um "enriquecimento da dramaturgia e das estratégias narrativas"; ao contrário, haveria a repetição de um único "sistema", banalizado pelo jornalismo televisivo: "Não se pensa mais em documentário sem entrevista, e o mais das vezes dirigir uma pergunta ao entrevistado é como ligar o piloto automático."[8]

Entre as conseqüências estéticas desse sistema estariam a dominância do "verbalizável", a fraca capacidade de observação de situações reais em transformação, a repetição de uma mesma configuração espacial (aquela típica da entrevista), a ausência de relações entre os personagens – em função do enfoque centrado na interação entre cineasta e entrevistado. Bernardet observa também que tal relação, por sua vez, ainda se atém à dicotomia clássica sujeito–objeto. Dominam temáticas relacionadas à experiência do "outro de classe" e os cineastas tratam seus entrevistados pobres de modo fetichista e sacralizado, sem estabelecer real diálogo: "Tudo o que diz o pobre vale. Não vamos contradizer o pobre, que isso implicaria uma colaboração com os mecanismos de opressão – entrevistado pobre é um tanto sacralizado."[9]

Neste contexto de repetição, diluição e esgotamento de um modelo, Bernardet se diz motivado por filmes que evidenciam a crise do sistema de entrevistas – filmes "de entrevista" que exibem, de algum modo, fissuras e tensões internas a seu procedimento central. Emblemático dessa situação, para ele, é *À margem da imagem*, primeiro longa de Evaldo Mocarzel. Nesse filme sobre moradores de rua da cidade de São Paulo, alguns clichês associados ao "sistema" estão mobilizados: entrevistas, presença da equipe na imagem e ausência de narração over. Ao final, a marcante autocrítica: um dos personagens, depois de assistir ao filme em sessão promovida pela equipe, mostra-se descontente com a representação de sua experiência empreendida pelo longa. Para ele, faltou mostrar a sua rotina invisível: ir de casa em casa, pedir comida, receber humilhações. Teria sido o caso, podemos pensar, de abandonar ou matizar a metodologia centrada em entrevistas, nesse caso insuficiente, em privilégio de uma postura de observação filmada do cotidiano.* O crítico não deixa ainda de sublinhar o fato de que "o sistema de entrevistas simplifica a produção e baixa seus custos", explicitando a relação entre os mecanismos de produção audiovisual vigentes, a dominância de um procedimento e os resultados estéticos obtidos.

* Ao projetar o filme para os personagens, Evaldo Mocarzel já provoca, em *À margem da imagem*, reflexões sobre a apropriação da imagem do outro. Ele diversifica este questionamento e busca novos enfoques em seus documentários posteriores, que também se valem do procedimento da entrevista. Em *Do luto à luta* (2006), por exemplo, parte de uma experiência pes-soal (é pai de uma menina portadora da síndrome de Down) para focalizar a experiência de outros portadores e familiares. Algumas análises detidas dos filmes de Bernardet se encontram no *Docblog*, de Carlos Alberto Mattos.

A observação e o tempo

Dentre os filmes diferenciais nesse contexto está *Nelson Freire* (2003), de João Salles. Trata-se, de fato, de um documentário que aposta, para além da interação e da conversa, na observação detida de situações reais, a exemplo de outros documentários de Salles: tanto aqueles realizados para a televisão – a série *Futebol*, em parceria com Arthur Fontes, e *Santa Cruz* (2000), um dos programas da série *6 histórias brasileiras*, co-dirigido com Marcos Sá Corrêa –, como para o cinema – *Nelson Freire* e *Entreatos* (2004).

Opção também presente, de formas variadas, em *O chamado de Deus* (2000), de José Joffily, *Fala tu* (2004), de Guilherme Coelho, *Justiça* (2004), de Maria Augusta Ramos, *O cárcere e a rua* (2004), de Liliana Sulzbach, *A pessoa é para o que nasce* (2004), de Roberto Berliner, *Vocação do poder* (2005), de Eduardo Escorel e José Joffily, e *Dia de festa* (2006), de Toni Venturi. *Justiça* é o único que segue mais estritamente a linha do cinema de observação, também conhecido como cinema direto: aspira à invisibilidade da filmagem, registrando indivíduos reais como se a equipe não estivesse presente, retirando, na montagem, qualquer indício de uma interação mais evidente com os personagens. De qualquer modo, todos eles se atêm a trajetórias singulares, recusam tipificações e resgatam para o documentário brasileiro uma dimensão temporal praticamente inexistente nos filmes baseados apenas em entrevistas. O tempo conta, produz efeitos, provoca mudanças nas relações entre cineastas e personagens, transformações na vida daqueles que são "observados".

Os filmes de João Salles se destacam desse conjunto por terem criado temporalidades raras no documentário brasileiro atual, associando uma filmagem que privilegia o plano-seqüência a uma montagem atenta e sensível às digressões temporais. Dessa associação surgem filmes cheios de momentos banais, ordinários, inessenciais para o decorrer da narrativa. Seqüências onde "nada" acontece, a não ser uma duração particular em que o tempo cronológico é de certa forma suspenso. Momentos *entre* atos, justamente. É possível notá-los desde o episódio da série *Futebol* em torno do ex-jogador Paulo César Caju, construído com os chamados tempos "fracos" ou mortos de uma narrativa: o personagem que não aparece, a programação prevista que não dá certo, as ligações de celular que não se completam, as pessoas que não reconhecem o ex-craque. É contudo em *Nelson Freire*, seu primeiro filme para a sala de cinema, que Salles chega a um amadurecimento dessa opção. Não que os

Associando planos-seqüências e montagem sensível às digressões temporais, os filmes de João Salles criam temporalidades raras no documentário brasileiro de hoje. *Nelson Freire* registra os "grandes atos" do pianista, mas prioriza pequenos gestos, esperas. Abaixo, o diretor e o protagonista com a pianista Martha Argerich, também presente no filme.

"grandes atos" do pianista não estejam lá – Nelson Freire toca inclusive músicas inteiras –, mas a montagem prioriza silêncios, hesitações, esperas, pequenos gestos, atitudes discretas, reações sutis. Salles filma Nelson Freire ao longo de dois anos; na montagem, não segue a cronologia da filmagem, como acontece na maior parte dos seus filmes realizados a partir de uma metodologia de observação; reúne situações que se repetem nos diversos concertos que Freire faz em cidades espalhadas pelo mundo. Momentos que expressam a solidão, constatada e assumida pelo pianista, de um cotidiano intenso. Ao mesmo tempo, é notável a intimidade que Salles consegue registrar nas belas seqüências do pianista na casa da amiga e também pianista Martha Argerich. São imagens marcadas por uma certa instabilidade, em função da câmera no ombro, que produz uma subjetividade e uma proximidade maior do diretor e da equipe com os que estão sendo filmados.

Nelson Freire é um personagem muito pouco midiático: tímido, fala pouco, e menos ainda sobre sua vida. Esse é outro aspecto importante no cinema de João Salles: deixar claro que os indivíduos filmados não precisam ser, necessariamente, bons contadores de história – Lula, é claro, representa uma exceção. O princípio de acompanhar indivíduos durante um certo tempo lhes confere uma existência cinematográfica que não se restringe ao que eles possam eventualmente dizer. E talvez os limites de uma interação mais direta com os personagens, na obra do cineasta como um todo, tenham tido como contrapartida uma intensificação da atenção ao mundo: seus filmes exibem uma capacidade de observação incomum no documentário brasileiro.

Em *Entreatos*, Salles refaz com o então candidato Lula um percurso semelhante ao de Richard Leacock e Robert Drew na campanha que elegeria John F. Kennedy candidato do Partido Democrata à Presidência dos Estados Unidos, no filme inaugural do cinema direto americano: *Primary*, de 1960. *En-*

treatos integrou um projeto inédito na produção cinematográfica brasileira: foi realizado simultaneamente a *Peões*, dirigido por Eduardo Coutinho, e ambos foram lançados ao mesmo tempo, em uma mesma sala de cinema, em horários alternados. *Peões* concentra-se nos operários do ABC paulista, companheiros de Lula que haviam participado das grandes greves nessa região de São Paulo no final dos anos 70. São filmes em que os diretores retomam, de maneira geral, as respectivas metodologias de filmagem, com pequenas alterações. Salles inclui bem mais a equipe no filme e evita trilha sonora. Coutinho não se restringe apenas ao presente dos personagens, mas à memória pessoal e coletiva de um determinado grupo social que teve no passado uma experiência comum. Interage também com uma certa memória do documentário brasileiro, voltada no final dos anos 70 para as lutas operárias do ABC.

Lula, em *Entreatos*, de João Salles. As conversas mais longas entre a equipe de filmagem e o então candidato aconteceram durante os vôos, entre os comícios que o presidente fez por todo o Brasil. O filme integrou um projeto inédito na produção cinematográfica brasileira: foi realizado e lançado simultaneamente a *Peões*, de Eduardo Coutinho, sendo exibidos em horários alternados das mesmas salas de cinema.

Vocação do poder, lançado pouco depois dos filmes de Salles e Coutinho, também acompanha uma campanha eleitoral, mas de vereador para a cidade do Rio de Janeiro – personagem menor da política, praticamente anônimo e sem interesse midiático. Eduardo Escorel e José Joffily filmaram durante sete meses seis candidatos por diferentes partidos, todos eles tentando uma vaga na Câmara Municipal pela primeira vez. A escolha dos personagens parece ter levado em

Vocação do poder, de Eduardo Escorel e José Joffily, também retrata campanhas políticas e deixa ao espectador a tarefa de estabelecer conexões entre os dados apresentados e a experiência social e política brasileira.

conta a composição de um painel diversificado: um rapper do subúrbio (PV), uma pastora evangélica (PL), um filho de políticos clientelistas da Zona Oeste (PMDB), um apadrinhado do prefeito César Maia (PFL), um filho de presos políticos (PT) e um representante jovem da classe média alta da Zona Sul (PSDB).

O filme nos coloca frente a frente com variadas maneiras de praticar e dizer a política, deixando entrever o abismo entre candidatos de diferentes estratos sociais e culturais da sociedade brasileira. O rapper Geléia mal consegue formular propostas e contrasta com as falas do petista e do tucano, mas na verdade importam pouco as habilidades lingüísticas e a desenvoltura de cada candidato: o vazio dos discursos parece atingir todos eles já no começo das "vocações", e o "bom" discurso cheio de boas intenções não vale mais do que o demagógico. Todos se equivalem e o que conta, no final, são as máquinas eleitorais – políticas, clientelistas, religiosas, embora elas também possam falhar.

Entreatos, *Peões* e *Vocação do poder* são três filmes que enfrentam mais diretamente a política, que desvelam, ao menos parcialmente, as circunstâncias e engrenagens do "fazer político" no país, e que eventualmente poderiam sugerir interpretações ou avançar algumas teses sobre o cenário nacional. Mas, assim como acontece nos melhores filmes baseados na interação, cabe aos espectadores a tarefa de estabelecer conexões entre os dados sensíveis que os filmes apresentam e a experiência social e política brasileira.

Documentário e auto-representação

Ainda que nem sempre chegue à tela grande do cinema, há na atualidade uma série de experimentos (de modo geral através de oficinas de formação audiovisual*) que têm como objetivo permitir e estimular a elaboração de representações de si pelos próprios sujeitos da experiência, aqueles que eram – e são ainda – os objetos clássicos dos documentários convencionais, indivíduos de um modo geral apartados (por sua situação social) dos meios de produção e difusão de imagens. O longa *O prisioneiro da grade de ferro – auto-retratos* (2003), de Paulo Sacramento, é emblemático desse importante deslocamento observado na produção contemporânea de documentários. O filme resultou de uma iniciativa independente que promoveu oficinas de vídeo com detentos do Carandiru, sete meses antes da implosão do complexo penitenciário. Seu in-

* Aqui podemos destacar as *Oficinas Kinoforum*, projeto itinerante levado a cabo pelo Festival Internacional de Curtas-Metragens de São Paulo desde 2001, promovendo exibição e realização de curtas entre grupos da periferia da capital paulista.

teresse, portanto, "é anterior à obra acabada", como enfatiza Leandro Saraiva; "já por seu desenho de produção", *O prisioneiro* "provoca reflexões cruciais para o cinema, em especial para o documentário".[10]

"Objetos" em potencial de discursos muito externos (dado o grau de "alteridade" de sua experiência em relação aos cineastas e espectadores de classe média), alguns dos prisioneiros do Carandiru são envolvidos na atividade de filmar, tornando-se cineastas aprendizes e cúmplices na realização do filme. Quase sempre em duplas, eles filmam aspectos do cotidiano no presídio, "realizando" os roteiros e planejamentos que fizeram de antemão, muitas vezes acompanhados de perto pela equipe de filmagem (embora o filme não evidencie didaticamente todo o processo). São eles que filmam, com pequenas câmeras digitais, boa parte do material bruto. Com esse gesto, que garante a possibilidade mesma de uma "outra" representação (distante dos clichês ou das representações estigmatizantes em que os prisioneiros possivelmente não se reconheceriam), o filme estabelece um "convite à afirmação de sujeitos", como escreveu Ismail Xavier. "O cinema não vem apenas registrar a vida reclusa, seus dramas e ameaças, mas também se somar ao que ajuda a inventar o cotidiano, estabelecer uma rotina de práticas variadas."[11] Práticas que aparecem nos registros dos documentaristas-detentos e que envolvem artesanato, comércio, música, religião, drogas, correspondências com o exterior. Com seus "auto-retratos", os detentos engendram a imagem de um Carandiru mais cotidiano, menos exótico e menos violento do que conceberíamos.

É possível identificar nesse projeto algumas semelhanças com a já mencionada experiência de Aloysio Raulino (diretor de fotografia em *O prisioneiro da grade de ferro*). Mas se o gesto inicial é parecido com o de *Jardim Nova Bahia*, a montagem de *O prisioneiro da grade de ferro* se distancia de uma postura que supõe uma visão ou olhar do outro livre de influências. No filme de Sacramento, não sabemos, de modo geral, quem está filmando, se a equipe ou os presidiários, e é nessa imbricação de pontos de vista que reside grande parte do interesse e da força do documentário. *O prisioneiro* vai, de certa maneira, até o fim do processo de "dar a voz e a câmera ao outro", iniciado no cinema documentário brasileiro nos anos 60, mas nos mostra justamente os limites desse gesto. Afinal, não há uma verdade "essencial" do presídio e dos presos pronta para ser revelada, sempre a mesma, antes e depois da filmagem. Tudo o que vemos no documentário se produziu a partir da interação entre equipe e presidiários, naquele contexto; é fruto de um turbilhão de sensações, sentimentos e predisposições que envolve a todos; expressa um amontoado de expectativas e não uma suposta autenticidade ou pureza do olhar do outro. Mais do que uma questão de "olhar", literalmente, trata-se de uma questão de acesso a situações e territórios, de experiência compartilhada.

O prisioneiro da grade de ferro pode ser visto também numa linha de continuidade em relação a projetos que surgiram na esteira do vídeo popular e da democratização das câmeras de vídeo no decorrer dos anos 80 e 90 no Brasil. O projeto de elaborar "de dentro" as identidades dos grupos sociais retratados, em oposição ao estigma, de dar-lhes visibilidade de uma perspectiva que se propõe "interna", está presente em muitas iniciativas ligadas aos movimentos populares. A intensificação do uso dos meios audiovisuais provocou debates sobre identidade social e étnica de grupos minoritários, a ponto de os próprios "sujeitos da experiência", o "outro" das produções documentais, engendrarem processos de constituição de auto-representações, geralmente em parceria com associações e organizações não-governamentais.

Um dos mais interessantes e longevos experimentos é o projeto Vídeo nas Aldeias, hoje relacionado à ONG de mesmo nome e primeiramente desenvolvido no âmbito do Centro de Trabalho Indigenista (CTI). A proposta inicial era oferecer aos índios instrumentos que lhes permitissem elaborar e criar suas próprias imagens, convertidas em veículo para troca de informação e de conhecimento entre as aldeias de diferentes povos. Desde 1998, através de oficinas, o projeto tem formado realizadores indígenas, que assinam seus próprios documentários e participam nos processos de formação. Cineastas que têm praticado, no conjunto, uma espécie de "autoetnografia", como definiu Ivana Bentes, ou "autodocumentário", em que apresentam, de uma perspectiva interna, suas aldeias, seus rituais, seu cotidiano, sua história.[12]

O prisioneiro da grade de ferro: alguns detentos do Carandiru participaram de oficina de vídeo e, com seus autorretratos, partilharam com a equipe de cinema a produção de uma outra representação sobre a condição carcerária.

Pïrinop, meu primeiro contato (2007) vem coroar, num primeiro longa-metragem com perspectiva de lançamento comercial no cinema, a duradoura experiência do Vídeo nas Aldeias. Realizado por Mari Corrêa, uma das coordenadoras e instrutoras, e Karané Ikpeng, cineasta indígena formado nas oficinas do projeto, o filme resulta de um processo que, guardadas as diferenças, pode ser relacionado ao de *O prisioneiro da grade de ferro*, envolvendo profissionais de cinema e jovens aprendizes (ou jovens realizadores) na partilha de uma representação bastante diversa das usuais (aquelas em que os índios ocupam o lugar do "outro", historicamente ameaçador, exótico ou selvagem).

Eis um resumo da história: em 1964, os índios ikpeng (conhecidos pelos brancos como txicão) têm o seu primeiro contato com o homem branco, através de uma expedição organizada pelos sertanistas Cláudio e Orlando Vilas Boas, numa região próxima ao rio Xingu, no Mato Grosso. Ameaçados em seu território por invasões de garimpeiros, eles são transferidos para o Parque Indígena do Xingu, onde ainda vivem. Mas alguns dos ikpeng, sobretudo os mais velhos, sofrem com o exílio, e pleiteiam hoje na Justiça a propriedade de suas terras ancestrais. Relatando-a do ponto de vista dos índios, o documentário inverte os papéis e faz de nós, "brancos civilizados", o "outro". Pois, como lembra Sílvia Caiuby Novaes, "quando os cineastas são índios, índios somos nós".[13]

Para criar essa inversão de perspectivas, o filme se vale da narração de histórias, contadas pelos ikpeng à câmera de Mari e Karané; da encenação de episódios do passado, discutidos, ensaiados e reencenados pelos índios a partir da visionagem do material filmado (estratégia que recupera aqui notável expressividade e força política, na medida em que o primeiro contato jamais poderia ter sido filmado da perspectiva dos índios); do uso de um significativo material de arquivo com registros do primeiro contato, associado, na montagem, à narração over que lê, em primeira pessoa, trechos dos relatos escritos pelo sertanista Orlando Vilas Boas; além de imagens do presente da aldeia ikpeng, comentadas em alguns momentos pela narração em primeira pessoa de Karané, co-diretor do filme.

Esse desejo de revisitar o passado, de contar a história recente dos ikpeng e de seu relacionamento com o "outro" (o homem branco em particular) de uma nova perspectiva (discurso que se produz em boa medida na montagem), soma-se a uma característica marcante nos documentários dos realizadores indígenas formados pelas oficinas do Vídeo nas Aldeias:

a proximidade entre quem filma e quem é filmado, a intimidade física e afetiva entre a câmera e as cenas, os personagens, os assuntos – quer os vídeos registrem rituais, quer retratem o cotidiano, quer se debrucem sobre a experiência de um personagem do lugar.

Articuladas as duas frentes, filmagem e montagem, *Pïrinop* produz uma auto-representação que nos obriga a fitar a história indígena e o documentário sobre ela de um modo bastante novo.

Documentário e mídia: confrontos, diálogos

Desde o início dos anos 90, é possível identificar sinais de uma questão que se tornou essencial para o documentário a partir do final da década: sua relação obrigatória, incontornável, com a mídia, sobretudo com as imagens produzidas nos programas de televisão, particularmente aquelas do telejornalismo. Uma relação contraditória, perturbadora, cheia de tensões e nuances, e presente em várias etapas, da realização à recepção dos filmes.

Se nos anos posteriores à ditadura as imagens televisivas continuaram mostrando um Brasil harmonioso, rico, branco, saudável, higienizado, em imagens estáveis, enquadradas, de boa qualidade, coube ao documentário se voltar para grupos urbanos até então praticamente invisíveis nesta produção audiovisual: a população carcerária, os moradores de rua e de favelas, pivetes e mendigos, prostitutas, trabalhadores do lixo.[14] Mas a partir do final dos anos 80, um dado novo modifica o panorama televisivo: temas como violência urbana, pobreza e exclusão ganham visibilidade, passando a fazer parte de certa produção jornalística e a interessar um público cada vez maior. O programa *Aqui agora*, que foi ao ar pela primeira vez pelo SBT em 1991, inaugura um estilo de reportagem que fará escola para o sensacionalismo televisivo, em franca oposição à estética clássica do jornalismo da TV Globo. O programa exibe "a vida como ela é" nas favelas e periferias pobres da cidade de São Paulo, através de longos planos-seqüências tremidos, com narrações feitas ao vivo pelos próprios repórteres, repletos de "sujeiras" que eram, até então, mantidas fora do ar. Elementos estéticos do Cinema Verdade dos anos 60 – câmera na mão e som direto – são reciclados e associados a um tipo de jornalismo que faz da miséria espetáculo midiático,[15] mas que permite eventualmente vislumbrar imagens de um Brasil que não aparecia na TV. Em conseqüência, mesmo a TV Globo foi obrigada a incorporar gradualmente, ainda que domesticando, imagens de baixa qualidade, imprimindo "realidade" à assepsia estética que dominava o jornalismo da emissora.

Entre os anos 60 e 90, saímos definitivamente de "uma cultura cinematográfica, utópica e modernista para uma cultura de massa televisiva", como nos lembra Ivana Bentes.[16] Uma cultura audiovisual que nos forma e constitui, fornecendo visões de mundo, modelos de ação, normas de conduta, formas de expressão, vocabulário, atitudes e posturas corporais. Não se trata, porém, de uma "formação" que necessariamente domina e aliena, mas de um processo heterogêneo, paradoxal, incompleto, em que a negociação é permanente.

Ao mesmo tempo, com a deterioração das formas de representação política e de reconhecimento social tradicionais, a imagem televisiva se tornou um dos meios mais potentes de legitimação, onde basta aparecer para existir. Esses dois aspectos centrais da cultura midiática contemporânea – instrumento de formação e de reconhecimento –, produzem situações insólitas, como se vê em muitos documentários recentes. Indivíduos desprovidos de uma educação mais formal revelam consciência notável a respeito de sua imagem pública, exibem sabedoria intuitiva do que pode "funcionar" em uma entrevista, às vezes captam na pergunta os aspectos implícitos que apontam para a resposta "certa", de modo a conquistar segundos de visibilidade. Esse estado de coisas deve ser levado em conta – especialmente por aqueles que constroem seus filmes a partir da palavra do outro, sob pena de imprimirem, sem o saber, maior existência social e mais crédito a pensamentos e emoções que têm origem nos próprios clichês que a televisão faz circular.

Em *Babilônia 2000*, filme de Eduardo Coutinho realizado no morro da Babilônia no último dia de 1999, um pequeno diálogo com uma personagem chamada Roseli é exemplar de como essa consciência, quando revelada, pode ser rica para o filme. "Deixe eu me arrumar, mudar o visual", diz ela, quando a equipe aparece. "Não, assim está ótimo", responde o diretor. Roseli, rindo: "Ah, você quer pobreza mesmo?" E ele: "Não, isso não é pobreza." Roseli: "Sei, sei, é comunidade, né?" Roseli sabe "tudo", sabe o que pode interessar – pobre "bem-arrumadinho", pobreza "mesmo" ou vida em comunidade –, mas não se submete a esses clichês, os assimila e reorganiza com grande criatividade.

Roseli, personagem de *Babilônia 2000*, de Eduardo Coutinho, sabe intuitivamente as imagens da favela desejadas pela mídia.

Filmar hoje é, portanto, entrar em um turbilhão de imagens, imiscuir-se no fluxo midiático de representações, confrontar-se com essa espécie de "meio ambiente" contemporâneo. É o que percebem José Padilha e Felipe Lacerda ao realizar *Ônibus 174*, filme que aborda o seqüestro de um ônibus na Zona Sul do Rio de Janeiro em uma tarde de junho de 2000, que mobilizou o país inteiro por ter sido transmitido ao vivo durante cinco horas. Um seqüestro que terminou em tragédia: a refém Geísa Firmo Gonçalves assassinada diante das câmeras e o seqüestrador Sandro do Nascimento asfixiado pela polícia no trajeto até a delegacia.

"Isso não é um filme de ação, não. É sério": o seqüestrador Sandro ameaçando e simulando ameaçar, em *Ônibus 174*.

Padilha e Lacerda partem do material filmado pelas televisões, realizam uma série de entrevistas e investigações e recuperam a trajetória do seqüestrador do 174. O filme não inocenta o jovem bandido, mas realiza um trabalho que a imprensa deveria fazer e não faz: amplia as conexões possíveis entre diferentes acontecimentos, complexifica a situação inicial e nos faz ver o quanto esse seqüestro está inextricavelmente ligado à tragédia social brasileira. Uma primeira grande qualidade do filme, portanto, é extrair do fluxo de informações televisivas um acontecimento já esmaecido na nossa memória, e nos obrigar, de algum modo, à reflexão. Contudo, o maior interesse dele talvez resida na exposição pormenorizada de como a mídia hoje organiza os acontecimentos do "interior" – eles já eclodem dentro de uma lógica midiática, que captura simultaneamente todos os envolvidos. No seqüestro do ônibus 174, policiais, reféns e seqüestrador parecem viver, interpretar e simular diante das câmeras de TV, tudo ao mesmo tempo, como se fosse uma reação imediata, orgânica, sensório-motora. Sofrem e simulam a dor que efetivamente sentem, ameaçam e simulam ameaçar, matam e simulam matar.

Entre todas as alterações produzidas pela transmissão ao vivo das câmeras de televisão, a mais impactante é a performance de Sandro, e o filme nos mostra todas as etapas dessa "teatralização do mal". A partir do instante em que se dá conta do espetáculo que protagoniza, e intuindo o desfecho, Sandro "piora" a sua atuação. Encena a morte de uma das reféns e pede a elas para representarem com mais realismo o estado De desespero em que se encontram. Apropria-se da imagem de bandido ensandecido inspirado no cinema e, como lembra Esther Hamburguer,[17] "grita através da janela", não para os que estavam ali do lado de fora do ônibus, mas "para os milhões de telespectadores que acompanham ao vivo os desdobramentos de sua arriscada operação": "Isso não é um filme de ação, não. É sério." Sandro sabe que foi esse papel de algoz que lhe restou para ser reconhecido socialmente, e não hesita em desempenhá-lo até o fim.

Em *Edifício Master* (2002), Eduardo Coutinho se depara com um novo tipo de efeito da mídia no campo social. Trata-se de um filme realizado com os moradores de um prédio de conjugados de Copacabana, em que a economia narrativa foi ao extremo do processo iniciado em *Santo forte*. Não há um som que não seja sincrônico à imagem; nenhuma voz, murmúrio, nenhuma música ou assobio que passe de um plano a outro; se há um corte na imagem, há inexoravelmente um corte no som. É o filme de Coutinho que mais sucesso fez desde *Cabra marcado para morrer*, atingindo um público de aproximadamente 85 mil espectadores. *Edifício Master* marca uma mudança de horizonte social na produção do cineasta, reunindo personagens pertencentes às camadas médias da população, universo pouco explorado pelo documentário brasileiro em geral.

O deslocamento de campo social trouxe para o cinema de Coutinho, entre outras mudanças, uma transformação específica na relação com as imagens midiáticas. Com os moradores do Master, as dificuldades surgiram particularmente do embate com os chamados *reality shows* e os programas sensacionalistas e de variedades, cuja lógica dominante é a exposição da intimidade. As existências banais que se acumulam no Master, desprezadas pelo telejornalismo, encontram alguma possibilidade de reconhecimento nesses outros programas. Houve momentos nos quais foi preciso defender o entrevistado dele mesmo, em que a lógica do pior se impôs, e o que se ouviu foi a pior história, a maior desgraça, a grande humilhação. Porque o desejo dos moradores, em muitos casos, é o de escapar do isolamento, ganhar visibilidade a qualquer preço. O confronto com esse tipo de exibicionismo, indissociável do voyeurismo do espectador, é incontornável e transformou-se hoje em imperativo para o documentário. "Desprogramar" o que estava previsto, produzir furos nos roteiros preestabelecidos, se ocupar do que ficou de fora dos espetáculos de telerrealidade, como escreve Jean-Louis Comolli[18] – tarefas que se impuseram como "programa mínimo" desse documentário de Coutinho.

* * *

Em termos de abordagem, o que podemos identificar na maioria dos filmes citados até este ponto do livro é, primeiramente, uma tendência à particularização do enfoque: ao invés de almejarem grandes sínteses, análises ou interpretações de situações sociais mais amplas, os documentários buscam seus temas através do recorte mínimo, abordando experiências e expressões estritamente individuais.* As composições

* Karla Holanda indica uma tendência à particularização do enfoque no documentário contemporâneo brasileiro em seu artigo "Documentário

são variadas, mas há, de todo modo, uma valorização da subjetividade do homem comum. Muitos filmes se relacionam com experiências socialmente demarcadas (moradores de uma localidade, por exemplo), evitando o ensaio que poderia, a partir de características transversais ou generalizações, relacionar tais experiências àquelas de outros indivíduos ou grupos, pela via da interpretação ou do diagnóstico.

As experiências são, de um modo geral, tratadas como irredutíveis. Nem típicas, nem exemplares, tampouco extraordinárias. Ao contrário: únicas, singulares. O valor, aparentemente, está no "registro" e no trato respeitoso com elas, expondo suas particularidades – e não no olho que vê mais longe, relacionando-as à conjuntura e a outras experiências, ou à estrutura social, com suas potencialidades e problemas. São raros tanto os trabalhos que buscam explicações previamente estabelecidas, como era freqüente nos documentários dos anos 60, quanto os filmes investigativos que constroem e expõem interpretações a partir do desenrolar de um processo ou percurso – *Notícias de uma guerra particular* e *Ônibus 174* aparecem como exceções. Como bem observou em entrevista Ismail Xavier:

> A vontade agora é explorar mais os sujeitos no que têm de singular. Evitam-se generalizações, a busca dos porquês. Concentra-se na apresentação de um inventário dos imaginários – enfim outra fenomenologia mais regrada – sem se deter no problema da relação entre eles e as condições materiais de existência, sem saltos da experiência imediata para suas implicações sociais e políticas.[19]

brasileiro contemporâneo e a micro-história" (2004) – tendência que ela compara à metodologia da micro-história, em oposição às macroanálises, no campo de estudo da história. Evitando estruturar seu discurso na forma do diagnóstico, a micro-história buscaria seus temas a partir da abordagem de situações singulares, indivíduos ou pequenos grupos.

Documentário subjetivo e ensaio fílmico

Mesmo que operem significativos deslocamentos formais e de abordagem, os documentários contemporâneos brasileiros mantêm uma linha de continuidade em relação à produção moderna: a focalização privilegiada da experiência do "outro de classe". Dois filmes contemporâneos, contudo, rompem com essa premissa: *Um passaporte húngaro* (2002), de Sandra Kogut, e 33 (2003), de Kiko Goifman. Neles, o motivo da realização do documentário deixa de ser a alteridade clássica para se relacionar a aspectos da experiência pessoal e da subjetividade dos próprios realizadores. Nos dois filmes, os diretores interagem com personagens e situações como sujeitos *interessados*, protagonistas de um processo de busca pessoal – a tentativa de obtenção do documento de nacionalidade por Sandra Kogut (neta de húngaros) e a procura da mãe biológica por Kiko Goifman (filho adotivo). Em 33, inclusive, a voz de Goifman conduz a narração, em primeira pessoa.

Logo, é possível destacar nos dois documentários traços comuns bastante inovadores em oposição ao "sistema de entrevistas". Em primeiro lugar, não se trata de abordar situações ou objetos estáveis, preexistentes, como de praxe nos documentários tradicionais, mas de estabelecer um "ponto de partida", sem saber "o que virá a seguir", como notou Jean-Claude Bernardet: "O documentarista determina um projeto, sabe de onde parte, sabe o que gostaria de alcançar, mas não pode prever os resultados a que chegará nem o percurso que terá de cumprir."[20] As entrevistas estão presentes, mas têm seu uso deslocado e não reproduzem a tradicional dicotomia sujeito–objeto: são instrumento para obtenção de informações no processo concreto de pesquisa e busca empreendido pelos realizadores.

Os dois filmes permitem abordar outro aspecto crucial do debate sobre o documentário contemporaneamente: suas fronteiras com a ficção narrativa. Pergunta Bernardet: os realizadores, tal como aparecem em *Um passaporte húngaro* e 33, seriam "pessoas ou personagens"? O crítico aposta num híbrido, "pessoa-personagem": não se trataria apenas de filmes em primeira pessoa, mas de filmes nos quais a pessoa do realizador se funde numa espécie de "personagem" que protagoniza a busca. Sandra Kogut relatou ao crítico que, no processo burocrático de obtenção do passaporte, chegou a repetir a alguns interlocutores, filmando, perguntas cujas respostas já conhecia de antemão; agiu assim porque precisava daquelas informações *no filme*, no percurso da *personagem* (embora já as conhecesse como diretora): "Essas pessoas-personagens obedecem a uma construção dramática. Os personagens têm objetivos, enfrentam obstáculos, alcançam seus objetivos ou não, exatamente como nos filmes de ficção."[21] Interessante notar que as histórias vividas pelas *pessoas-personagens* não preexistem à filmagem, mas são produzidas por um *agir* do documentarista; os realizadores devem, portanto, viver uma história (sendo dela *personagens*), para contá-la (como *cineastas*).

Outro aspecto relevante diz respeito ao alcance histórico e político desses documentários subjetivos. Se 33 parece bastante restrito à busca pessoal, *Um passaporte húngaro* tem maior ressonância. O filme contém dois eixos temporais bastante claros: o primeiro deles, seu fio condutor, liga-se ao presente da cineasta e se expressa nas negociações em torno do passaporte; o outro eixo é ligado à memória, individual e coletiva, e emerge particularmente nas conversas da diretora com a avó, que mora no Rio de Janeiro, e com um casal de parentes, residente em Budapeste. O que poderia parecer apenas um filme feito em família ganha, logo de saída, uma outra dimensão. Elementos da vida pessoal da diretora se articulam entre si e, ao mesmo tempo, à atualidade e à história da Segunda Guerra Mundial. Uma conexão se estabelece entre essa história privada e uma espécie de "história do mundo". Há uma comunicação constante entre o que é do domínio privado e o que é do domínio público, marcando a diferença desse documentário em relação à exposição da vida privada a que assistimos diariamente na televisão, que muitas vezes se esgota na exibição da intimidade.

Um passaporte húngaro: a avó da cineasta Sandra Kogut e o passaporte que ela utilizou para fugir para o Brasil. É a experiência pessoal da diretora que motiva a realização do documentário – o que altera sua relação com o assunto abordado e obriga a repensar as fronteiras com a ficção narrativa: a cineasta é "pessoa" ou personagem?

Rocha que voa (2002), de Eryk Rocha, vencedor do festival "É Tudo Verdade" em 2002, também poderia ser definido como um documentário subjetivo, já que é um filme em torno de Glauber Rocha, pai do realizador. Mas a inflexão subjetiva do documentário está mais relacionada a um gesto pessoal na forma de filmar e montar do que à tematização da relação de Eryk com o pai, de quem na verdade pouco se lembra, visto que Glauber morreu quando o filho tinha apenas três anos. É um filme que retoma, de certo modo, a postura ensaística de *Di/Glauber* e intensifica a mistura, a montagem, a colagem, que agora abarca diferentes suportes, desde o uso de câmeras de cinema e vídeo a diferentes películas e formatos de fitas (35 e 16mm, analógico e digital). Cruzamentos estéticos, técnicos, temporais, e também de campos artísticos, do cinema e da videoarte, contribuem para que *Rocha que voa* permita diálogos entre as falas arrebatadoras e inquietas de Glauber Rocha, encharcadas do contexto político do início dos anos 70, e o que acontece hoje no mundo, no Brasil e no campo do audiovisual. Imagens com cores distorcidas, sobreposições, fusões e inscrições gráficas associam-se de forma inesperada ao fluxo verbal de um personagem da cultura brasileira para quem a vida pessoal era imediatamente pública e coletiva.

Outro trabalho bastante singular – de difícil "posicionamento" num quadro mais geral do documentário brasileiro hoje – é *500 Almas* (2004), de Joel Pizzini. Nele, a temática do "outro" recobra inesperada força e ressonância. Não se trata de uma auto-representação feita pelos índios, tampouco de um documentário nostálgico em torno do "outro" em desaparecimento, mas de um ensaio que expõe tensões e paradoxos de uma cultura em movimento, distante de purismos ou idéias preconcebidas. *500 Almas* mostra o processo de reconstrução e reinvenção da memória e identidade de um povo indígena considerado extinto nos anos 60, através do trabalho de recuperação gradual de uma língua que quase ninguém mais falava.

O cineasta coloca diferentes elementos em relação, confronto ou diálogo, sem que nenhum deles tenha preponderância sobre o outro. O documentário mescla imagens filmadas nos locais onde moram os guatós com depoimentos dos índios, mas também de missionários, antropólogos, lingüistas, poetas. Somam-se trechos encenados, imagens do museu de antropologia onde estão preservados materiais sobre os índios, gravuras e cenas de filmes antigos; tudo montado de forma a dar "ritmo e coesão ao mosaico de fragmentos que constitui o filme, num processo análogo ao da reconstituição da própria nação guató", como bem identificou José Geraldo Couto.[22] A trilha sonora do filme inspira-se no mesmo princípio, misturando em muitas seqüências discursos variados em línguas distintas (português, alemão, francês, guató), sem que nenhum deles seja legendado ou adquira maior legitimidade do que o outro. O conjunto forma um fluxo audiovisual complexo e rico, que deixa explícitas as dificuldades de ser "índio", mas também de não ser, sugerindo existências possíveis nos interstícios das culturas.

Pizzini aprofunda nesse primeiro longa-metragem um tipo de abordagem ensaística já experimentada em curtas anteriores, como *Glauces – estudo de um rosto* (2001), feito a partir de imagens dos filmes em que a atriz Glauce Rocha atuou. O que chamamos aqui de ensaio fílmico remete a uma forma híbrida, sem regras nem definição exata, mas que articula modos de abordagem e composição variados, objetos e discursos heterogêneos. Essa dimensão ensaística – notável em filmes dos anos 80 como *Mato eles?* (1982), de Sergio Bianchi, e *Ilha das Flores* (1989), de Jorge Furtado – se faz presente na produção contemporânea (nem sempre com o mesmo recurso à ironia na abordagem de temáticas sociais). *Santiago*, de João Moreira Salles, abordado mais adiante, é outro exemplo maior. O que aproxima filmes tão díspares como *Rocha que voa*, *500 Almas* e *Santiago* é o fato de serem produzidos a partir da conexão de material heterogêneo, de estabelecer ecos entre imagens, sons e acontecimentos, sem interpretações totalizantes. Filmes que partem do princípio de que a imagem é um dado a ser trabalhado e relacionado com outras imagens e sons, e não mera ilustração de um real preexistente.

Dispositivos documentais, dispositivos artísticos

Um passaporte húngaro e 33 introduzem mais diretamente o debate sobre "dispositivo" no documentário contemporâneo brasileiro – embora o termo já viesse sendo utilizado a respeito da obra de Coutinho, desde *Santo forte*.* A noção remete à criação, pelo realizador, de um artifício ou protocolo produtor de situações a serem filmadas – o que nega diretamente a idéia de documentário como obra que "apreende" a essência de uma temática ou de uma realidade fixa e preexistente. Como nos filmes de Goifman e Kogut, teríamos, nos filmes "de dispositivo", a criação de uma "maquinação", de uma lógica, de um pensamento, que institui condições, regras, limites para que o filme aconteça.[23] Em ambos os casos,

---

* Coutinho utiliza também o termo "prisão" para caracterizar o conjunto de regras auto-impostas que delimitam o processo de realização de seus documentários. No seu caso, pelo menos até *Edifício Master*, o dispositivo central é de ordem espacial: filmar numa única locação, o que lhe permite evitar a imposição de critérios de tipicidade à escolha dos entrevistados, bem como de idéias preconcebidas à realidade filmada.

as ações concretas de busca propostas e empreendidas pelos realizadores (da mãe biológica, do passaporte) impõem restrições de ordem temporal ao dispositivo: 33 dias (artifício relacionado a sua idade e criado por Goifman para limitar o tempo de realização e de procura da mãe); o tempo de obtenção do passaporte, imposto pelos trâmites burocráticos, no caso de Kogut. Não se trata, porém, de um procedimento produtor que gera efeitos semelhantes em todo filme, mas que é criado a cada obra, imanente, contingente às circunstâncias de filmagem, e submetido às pressões do real. A simples adoção de um dispositivo não garante, em suma, o sucesso de um filme; tudo depende de sua adequação ao assunto eleito, mas sobretudo do trabalho concreto de filmagem, que a maquinação anterior não dispensa.

Trata-se de um uso da noção de dispositivo que pode ser associado ao pensamento do crítico e cineasta Jean-Louis Comolli. Para ele, diante da "crescente roteirização das relações sociais e intersubjetivas", dos "roteiros que se instalam em todo lugar para agir (e pensar) em nosso lugar", parte da produção documental teria a possibilidade de inventar pequenos "dispositivos de escritura" para se ocupar do que resta, do que sobra, do que não interessa às versões fechadas do mundo que a mídia nos oferece. Ao contrário dos roteiros que temem o que neles provoca fissuras e afastam o que é acidental e aleatório, os dispositivos documentais extrairiam da precariedade, da incerteza e do risco de não se realizarem sua vitalidade e condição de invenção.[24]

"33 dias porque tenho 33 anos": por mais arbitrário que o dispositivo de Kiko Goifman possa parecer, ele revela, sem meias palavras, a arbitrariedade presente em todo e qualquer filme-dispositivo, com mais ou menos força, mais ou menos sutileza. Não há qualquer fundamento "lógico" para esse número de dias. Da mesma maneira, não é nada "natural" que uma brasileira tire um passaporte húngaro em Paris, já que no

Brasil seria muito mais fácil, mas provavelmente não daria filme. É também da ordem do artifício produzir encontros para serem filmados ou seguir personagens durante dois anos. Por que não seis meses? Por que esses personagens e não outros? Ora, porque documentários não brotam do coração do real, espontâneos, naturais, recheados de pessoas e situações autênticas; são, sim, gerados pelo mais "puro" artifício, na acepção literal da palavra: "processo ou meio através do qual se obtém um artefato ou um objeto artístico", segundo o *Dicionário Aurélio*.

A emergência do "documentário de dispositivo" no cinema brasileiro recente, prenunciada por *Santo forte* e evidenciada pelos filmes "de busca" aqui descritos, teve seqüência no decorrer dos anos 2000. A interseção com referências e trajetórias vindas da videoarte e das artes plásticas parece estimular a aposta em filmes propositivos, que criam protocolos, regras e parâmetros restritivos para lidar com a realidade. Obras que se renovam a partir de estratégias extraídas da arte contemporânea e que propiciam outras maneiras de se relacionar com imagens em movimento, redefinindo temporalidade, espaço, narrativa e impondo modificações à interação do espectador.

Um filme fundamental nesse percurso de incorporação do dispositivo à tradição documental é *Rua de mão dupla* (2004), do cineasta mineiro Cao Guimarães. O filme, concebido inicialmente como videoinstalação para a 25ª Bienal de São Paulo, resulta de um dispositivo de filmagem organizado pelo diretor, cujas linhas centrais são explicitadas já nas primeiras imagens. Guimarães convidou seis pessoas pertencentes às camadas médias da população, moradores solitários de Belo Horizonte, a participar de uma experiência inusitada: divididos em duplas, eles trocariam de casa por 24 horas e, munidos de uma pequena câmera digital, filmariam o que bem lhes aprouvesse em casa alheia, tentando "elaborar uma 'imagem mental' do(a) outro(a) através da convivência com seus objetos pessoais e seu universo domiciliar".[25] Ao final, dariam um depoimento para a câmera, contando como imaginaram esse "outro". Trata-se de uma maquinação que implica a ausência de controle do diretor sobre o material filmado, propiciando uma espécie de "retirada estética" não propriamente do filme – afinal o dispositivo é dele, assim como a montagem –, mas das imagens e sons que seu filme vai conter, atribuindo a seis outros indivíduos a tarefa de filmar e se autodirigir.

Rua de mão dupla, de Cao Guimarães: "documentário de dispositivo". A tela dividida ao meio permite ao espectador acesso simultâneo às imagens e sons de ambos os integrantes de cada dupla de personagens. No final do filme, assistimos ao depoimento do poeta e, ao mesmo tempo, à pessoa descrita – a escritora – olhando em direção à câmera, como se também fosse espectadora do seu "retrato falado".

Cao Guimarães imprime nesse filme um curioso deslocamento em relação às querelas em torno da "voz do outro" que perpassam a história do documentário, através de um gesto à primeira vista pequeno: altera a direção do que se solicita aos personagens em grande parte dos documentários baseados em conversas. Não quer que eles se voltem para si, que falem de suas vidas, que se revelem para a câmera; pede, antes, que falem de pessoas desconhecidas e filmem casas alheias. O resultado é surpreendente: o que mais chama atenção ao longo do filme é a carga de "exposição de si" contida em imagens e depoimentos teoricamente "sobre os outros" – mas de viés, indiretamente, quando menos se espera.

Acidente (2006), de Cao Guimarães e Pablo Lobato, trabalho realizado no contexto do programa DOCTV* (e posteriormente ampliado para 35mm numa versão mais longa para o cinema), também resultou da criação de um "dispositivo". O documentário não parte de um tema, assunto ou situação concreta preexistente, mas da criação de um poema composto a partir de nomes de 20 cidades mineiras – nomes selecionados na internet, sem qualquer conhecimento prévio dos cineastas a respeito das cidades. As estrofes do poema forneceram o "mapa" para a viagem de realização. Na ausência de temática anterior ou questão norteadora, o dispositivo coloca uma espécie de aleatoriedade desejada (ou acidente programado), na escolha e aproximação das cidades visitadas.

O dispositivo-poema adquire, assim, um certo poder sobre os cineastas. Decide por eles onde vão filmar; retira deles o direito de recusar uma cidade caso não gostassem dela, porque aí o poema deixaria de funcionar. Reduz o excesso de intencionalidade. Por outro lado, a partir dessa imposição inicial, ele pouco obriga, para além da visita a cada cidade do poema – em cada lugar, os realizadores estão livres para eleger assuntos, motivos, abordagens, movimentos. Talvez por isso, relacionados a esta

* O DOCTV, Programa de Fomento à Produção e Teledifusão do Documentário Brasileiro, levado a cabo por Secretaria do Audiovisual do Ministério da Cultura, Fundação Padre Anchieta/TV Cultura e Associação Brasileira das Emissoras Públicas, Educativas e Culturais (Abepec), representa um esforço inédito na história do audiovisual brasileiro de relacionamento continuado entre a TV aberta e a produção independente. Tem viabilizado a produção regional de documentários (em 27 estados) e sua veiculação em rede nacional, horário nobre, sem a obediência a modelos ou formatos prévios (afora o padrão de duração, de 52 minutos, divididos em três blocos, e o tempo para realização, de 150 dias). Até o momento foram produzidos 114 documentários, alguns com resultados estéticos muito significativos. A política pública criada pelo programa no Brasil tornou-se modelo e teve como desdobramento o projeto do DOCTV Ibero-América, que produziu e veiculou documentários em 13 países, na sua primeira edição.

imensa liberdade produzida pela ausência de temática norteadora, o privilégio a valores plásticos e de composição (na imagem) e uma certa gratuidade na escolha de assuntos e objetos.

Em *Acidente*, cada cidade corresponde a uma seqüência, a uma peça independente; em cada uma delas, diferentes objetos e situações, distintas formas de abordagem e de composição, diferentes durações. Os pequenos ensaios não procuram informar, fornecer dados objetivos ou estabelecer comparações entre as cidades. O que parece importar, em todos os lugares, é propor atenção a insignificâncias que adquirem, pelo olhar da câmera, inesperado valor estético, lúdico ou afetivo – uma rua molhada pela chuva e iluminada por trovões e faróis de carros, microeventos em um bar decadente onde se passa um dia e quase nada acontece, uma divertida procissão infantil e encenação da Paixão durante a Semana Santa etc. A tônica em *Acidente* parece ser o investimento incondicional na superfície do cotidiano, com o que ele carrega de aleatório, e o desejo de atribuir valor estético ao insignificante, pequeno, banal, irrelevante e corriqueiro. Assim procedendo, o filme aposta na ampliação das possibilidades de "interesse" do documentário, geralmente fadado à "relevância" e à objetividade temáticas. Trata-se de um documentário em que a dimensão propositiva do dispositivo se mistura a uma dimensão mais plástica, contemplativa e formal, quase sempre materializada em longos planos estáticos, recortes fotográficos acrescidos de dimensão temporal.

Acidente, de Cao Guimarães e Pablo Lobato, parte da escolha aleatória de 20 cidades mineiras a visitar, reduzindo o excesso de intencionalidade. A cada cidade corresponde uma seqüência, em que os diretores transformam pequenos acontecimentos do cotidiano em objetos de interesse estético.

Dispositivos e novas formas audiovisuais

A busca de uma dimensão mais plástica e uma certa atenção aos parâmetros da imagem (em especial às texturas, cores, formatos de captação) são traços marcantes em parte da recente produção mineira, na qual se notam cruzamentos com a videoarte e com as artes plásticas.[26] Elas se somam a um desejo de conhecimento e apreensão da experiência do "outro", mais própria à tradição do documentário ("atualizada" anualmente na capital do estado pelo "forumdoc.bh – Festival do Filme Documentário e Etnográfico de Belo Horizonte", realizado desde 1997). Tanto *O fim do sem fim* (Beto Magalhães, Cao Guimarães e Lucas Bambozzi, 2001) e *Do outro lado do rio* (Lucas Bambozzi, 2004) quanto *A alma do osso* (Cao Guimarães, 2004), *Aboio* (Marília Rocha, 2005), *Trecho* (Clarissa Campolina e Helvécio Marins Jr., 2006) e *Andarilho* (Cao Guimarães, 2006) parecem se produzir na encruzilhada desses dois movimentos, tendências ou desejos: a experimentação formal e de linguagem (em convergência com procedimentos das artes contemporâneas) e os desafios postos pelo relacionamento com o "outro" (mais próprios à tradição documental).

Aboio, melhor documentário brasileiro no festival "É Tudo Verdade" em 2005, equilibra bem os dois movimentos. À diferença dos filmes "de dispositivo" de que tratamos aqui, parte de um tema: o canto do aboio, usado por vaqueiros de certas regiões do país para tanger o gado, é o motivo que orienta uma viagem aos sertões de Minas, Bahia e Pernambuco. Em *Aboio*, é determinante o encontro com os vaqueiros, suas histórias, gestos e performances, o relacionamento da equipe com os personagens reais, de quem o filme depende fortemente para se realizar. Há uso abundante das narrativas e cantos, mas eles nem sempre são montados segundo o "sistema de entrevistas" – muitas vezes, correspondem à parte sonora de ensaios audiovisuais que não se limitam à cena do depoimento, trabalhando com vigor imagens do ambiente. Nota-se uma tônica de exploração de detalhes, de perscrutar as localidades como textura, para além da contextualização mais naturalista e do plano geral fixo. Valendo-se, entre outros procedimentos, de *travellings* no meio da caatinga, entre troncos e galhos secos, no ritmo do cavalo e na cadência de quem vê "de dentro", Marília Rocha cria uma paisagem "transfigurada", subjetivada, vivida. A busca de formas plasticamente interessantes se relaciona, portanto, a um esforço de apresentar o ambiente como experiência; de criar uma paisagem de acordo com a vivência e o imaginário dos vaqueiros.

Em *Aboio*, Marília Rocha procura apresentar o ambiente natural tal como experimentado por seus personagens: uso de travellings na caatinga, no ritmo do cavalo, para recriar a paisagem de acordo com a vivência e o imaginário dos vaqueiros.

Andarilho, de Cao Guimarães, também busca a perspectiva dos personagens: planos-seqüências longos e fixos e enquadramentos fotográficos precisos que aos poucos se transformam, adquirindo uma estranha subjetividade e um caráter alucinatório.

Andarilho, filme mais recente de Cao Guimarães, cuja exibição abriu a 27ª Bienal de São Paulo (2006), também parece almejar uma representação "contaminada", no plano da imagem, pela perspectiva de seus personagens: três andarilhos que perambulam por estradas brasileiras. O filme opera uma radicalização de procedimentos já presentes em *O fim do sem fim*, *A alma do osso* e *Acidente*, com a presença marcante de longos e fixos planos-seqüências, enquadramentos fotográficos precisos nos quais se insufla tempo. Através deles, Cao extrai das estradas onde vagam os andarilhos efetivas visões: imagens explicitamente objetivas – capturadas com a câmera fixa em um tripé – transformam-se pouco a pouco, ganhando uma estranha subjetividade, a ponto de adquirirem um caráter alucinatório que dissolve distinções. Objetivo e subjetivo, real e imaginário, ficção e documentário perdem o sentido em imagens à beira da abstração: caminhões e motos afundando na imagem, plantas evanescentes, estradas fumegantes, seres em dissolução.[27]

Esse esforço para se acercar de uma temática não apenas através do discurso verbal e da interação com os personagens, mas por meio de ensaios audiovisuais, faz-se notar também na produção contemporânea do Ceará. É o caso de *As vilas volantes – O verbo contra o vento* (Alexandre Veras, 2005), documentário realizado na segunda edição do programa DOCTV. Como em *Aboio* e *Andarilho*, não se trata da criação de um dispositivo que deflagra o processo de realização, mas de um esforço (a princípio mais tradicional) de abordar a experiência de um grupo de indivíduos, moradores de vilas pesqueiras cobertas pela areia no litoral noroeste do Ceará. Mais do que o cotidiano, a representação proposta pelo filme sugere uma espécie de "condição existencial": homens e mulheres "exilados" na natureza, em permanente adaptação. É o que parecem exprimir os longos e belos planos gerais das dunas e do mar, onde a figura humana aparece como um ponto na paisagem. As ações humanas, solitárias de um modo geral (a pesca de mariscos por Dona Bil ou os gestos de construção de um barco imaginário por Mané Pedro), se dissolvem num mundo coberto pela areia e pelo silêncio. Do passado nas vilas, resta o verbo (a tradição oral), que elabora a memória. As imagens do mundo, rigorosamente compostas, numa alternância entre cor e preto-e-branco, estão aqui a serviço da evocação de uma experiência, de uma condição: "O que era bom foi e nunca mais veio/ Só lembrança e saudade ainda existe", como recita um dos moradores.

Também merece menção *Uma encruzilhada aprazível* (Ruy Vasconcelos, 2006), realizado na terceira edição do DOC-TV no Ceará, praticamente pela mesma equipe de *As vilas volantes*. O filme explora um movimentado entroncamento rodoviário no sertão norte do Ceará e seu entorno (reduzida "prisão" espacial e espécie de microcosmo) quase exclusivamente através de sons do ambiente e imagens do cotidiano, planos longos com enquadramentos majoritariamente fixos, que recortam a localidade, decompondo-a em fragmentos. "Aprazível" é o nome do lugarejo onde se situa essa encruzilhada. Lugar de passagem, não de chegada, como expõe o filme no letreiro final: "Tomar como destino um ponto de passagem. Encruzilhada. Um pequeno destino. Mas qual não o é?"

Não há intenção de apresentar o local através de informações ou elaborações verbais. A um único personagem se dedica mais tempo – um velho senhor, tratado no terceiro bloco através de imagens de um cotidiano miúdo tomadas em seu pedaço de terra, associadas a falas fragmentadas trabalhadas sobretudo como narração over. No mais das vezes, entretanto, o filme explora cenas cotidianas em um posto de gasolina e no entorno. Cada segmento ou seqüência elege um recorte ou prisão espacial, uma "moldura" para o olhar: o posto, o cemitério, a feira urbana. Essa escolha "reduz" a apreensão do lugar àquilo que se dá à vista, a uma superfície visível que a câmera capta com paciência, investindo no mosaico, sem formar com essas peças, didaticamente, uma imagem de conjunto. Em contraste com os planos quase sempre fixos e longos das locações abordadas, há segmentos compostos de imagens tomadas do interior de caminhões que atravessam a estrada, sugerindo a perspectiva de quem passa pela localidade, sem experimentar o seu tempo. Entre pontuações e pequenas cenas do lugar, aparece um sertão em que convivem velhas tradições rurais e o irresistível fluxo das mercadorias (como nas imagens em que cabras e caminhões dividem a estrada); um sertão "de passagem", não mais gueto isolado, mas extensão do país, precariamente urbanizado, cada vez mais parecido com as periferias das grandes cidades.

Um traço recorrente nos documentários mencionados nesta seção é a utilização "indireta" das falas dos personagens. Nota-se uma tendência à exploração dos depoimentos como vozes over, sem reproduzir a cena da entrevista. No plano sonoro, portanto, as falas dos personagens são usadas como "narração", através da montagem de fragmentos de narrativas. No plano da imagem, temos ensaios visuais que elaboram a experiência dos moradores das localidades, valendo-se de um corpo-a-corpo com imagens de ambientes e do cotidiano, segundo parâmetros plásticos de elaboração e composição (imagens captadas, muitas vezes, em diferentes formatos – super-8, digital, 16mm –, em cor e preto-e-branco, sem purismo). Imagem e som não se subordinam, mas dialogam, sugerindo relações intrigantes, pouco óbvias.

De um modo geral, são filmes que lidam com o som de forma cuidadosa e enfática. O som direto é captado com esmero e utilizado na montagem com autonomia, sem muito apego à sincronia com as imagens. *Aboio*, *As vilas volantes*, *Uma encruzilhada aprazível* e *Andarilho*, entre outros, recriam os ambientes visitados, na montagem, também através da trilha sonora, trabalhando com detalhes, fragmentos de sons, ruídos.[28] Em alguns casos, "não apenas evita-se a palavra, substituindo-a por uma atmosfera sonora, como evita-se o sentido", conforme escreveu Cléber Eduardo sobre *Uma encruzilhada aprazível*.[29]

No ímpeto experimentalista, buscando novas formas; no rigor do recorte ou do dispositivo, impondo-se limites; e numa certa insurreição contra a "relevância" temática, atendo-se ao insignificante e miúdo de ambientes ordinários, filmes como *Acidente* e *Uma encruzilhada aprazível* fazem frente a abordagens convencionais (do ponto de vista da forma, com variações do "sistema de entrevistas") sobre temas urgentes (chacinas, acidentes aéreos, movimento dos sem terra etc.), tão freqüentes nas reportagens de TV. Outra característica comum, de fundo, é a fragmentação: as seqüências dos filmes correspondem a trechos autônomos, que guardam independência uns dos outros. *Acidente*, em particular, não realiza uma construção narrativa ou retórica que crie um acúmulo e uma relação de interdependência entre as partes (apesar da moldura do poema). Fragmentos de histórias, fragmentos de cidades, fragmentos de temas, montados numa estrutura fragmentária. Talvez pudéssemos falar em "poesia do insignificante", mas também em "estética do fragmento", para caracterizar alguns dos documentários recentes que abordamos aqui.*

* Poderíamos contudo ver limites justo onde vemos virtudes: esses mesmos documentários, sintomaticamente, devem em "vontade de atualidade", em enfrentamento de processos sociais e situações presentes, críticas, urgentes – características, aliás, extensivas a parte significativa de produção contemporânea.

Imagem e crença

Quatro filmes recentes nos permitem concluir, sem pretensão de esgotamento, nossa breve reflexão sobre a recente produção documental brasileira. São eles *Juízo* (2007), de Maria Augusta Ramos, *Serras da desordem* (2006), de Andrea Tonacci, *Santiago – Uma reflexão sobre o material bruto* (2007), de João Salles, e *Jogo de cena* (2007), de Eduardo Coutinho. Apesar de grandes diferenças temáticas e formais e das particularidades de cada um dos quatro filmes, são obras que dissolvem distinções tradicionais entre ficção e documentário e ampliam as possibilidades criativas do cinema brasileiro, problematizando uma questão muito pouco discutida na criação audiovisual contemporânea: a crença do espectador diante das imagens do mundo.

Juízo

Juízo parte dos depoimentos de meninos infratores no Tribunal da Infância e da Juventude do Rio de Janeiro em audiências que desenham pouco a pouco um retrato desolador de uma questão crucial do Brasil contemporâneo: o número de meninos pobres que opta pelo crime na falta de qualquer outra perspectiva de vida. Adolescentes que mal conseguem se expressar, fora da escola ou repetentes, grandes demais para as séries em que estudam, alguns já com filhos. Acusados de assalto a mão armada, tráfico de drogas, roubo e homicídio, eles aguardam o julgamento no Instituto Padre Severino. O filme segue o princípio do cinema direto, registrando situações e personagens sem quaisquer intervenções da equipe, nos moldes dos filmes anteriores de Maria Augusta Ramos. De certo modo, situações dos mais diversos tipos em tribunais (pequenos delitos, violência doméstica, crimes) são particularmente interessantes de serem filmadas segundo a metodologia da observação. Os documentários de Frederick Wiseman e Raymond Depardon nos mostram isso: juízes, promotores, defensores públicos, acusados e familiares estão tão concentrados no que ocorre em cena que esquecem parcialmente a filmagem – embora uma das "protagonistas" de *Juízo* contrarie esta afirmação. Trata-se de uma jovem juíza que intensifica, diante das câmeras, um papel que certamente é o dela naquele tribunal: o de mãe repressiva e autoritária mas preocupada com os destinos desses menores desajuizados, dirigindo-se a eles em uma linguagem que ela crê mais próxima deles e quase imprópria ao cargo que ocupa.

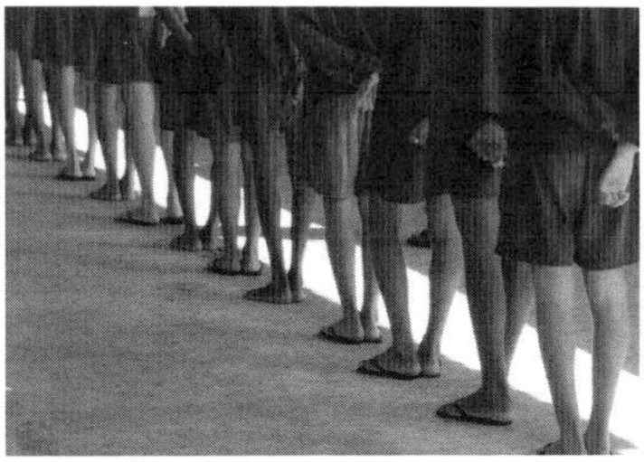

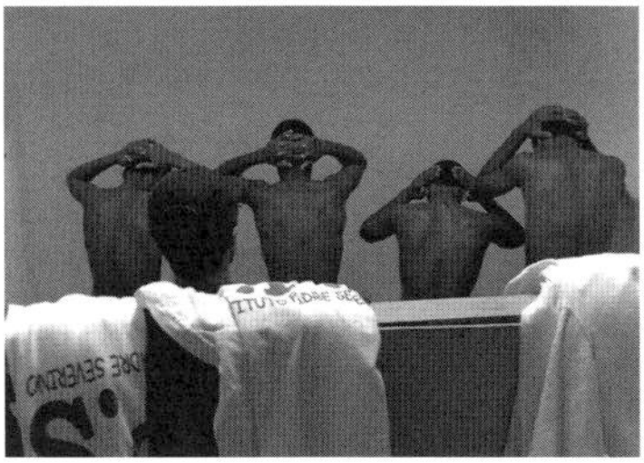

Juízo, de Maria Augusta Ramos, mescla imagens reais dos infratores com a encenação de jovens atores, e o fato de muitas vezes nos esquecermos disso revela o alto risco desses se tornarem personagens reais do filme. Na foto inferior, a juíza Luciana Fiala, que diante das câmeras intensifica seu papel no tribunal.

O que foge à regra do cinema direto nesse filme é o fato de a diretora ter usado atores nos depoimentos para repetir falas que foram ditas por menores filmados de costas durante as audiências. O filme nos adverte disso logo no início: "A lei brasileira proíbe a exposição da identidade de adolescentes infratores. Nesse filme, eles foram substituídos por jovens de três comunidades do Rio de Janeiro habituados às mesmas circunstâncias de risco social." Portanto, *Juízo* articula na montagem planos dos meninos reais filmados de costas com "contraplanos" ficcionais de jovens que falam para a câmera; contraplanos encenados, interpretados, dirigidos. Maria Augusta Ramos fez questão de não usar atores já com alguma experiência ou formação, tais como os que participam de grupos, como *Nós do Morro* ou *Nós do cinema* – organizações que trabalham com jovens de comunidades pobres das periferias e favelas do Rio de Janeiro, aos quais as produções do cinema brasileiro contemporâneo têm recorrido na busca de atores que encarnem com mais realismo personagens com o mesmo perfil social.

O que é muito perturbador nessa escolha é o fato de que esquecemos em muitos momentos a informação de que os rostos que vemos na imagem não são os dos infratores – informação que, no entanto, está bem clara nos créditos iniciais – em função do "efeito de real" que tais imagens carregam. Mesmo os planos desses "atores" filmados fora do Tribunal, nas dependências do Instituto Padre Severino ou nas comunidades onde os acusados moram, no final do filme, adquirem uma "verdade" rara nesse tipo de procedimento. Em *Justiça* (2004, da mesma diretora), por exemplo, o filme funciona muito bem em todas as seqüências filmadas durante as audiências, mas perde força quando encena, mesmo com personagens reais, situações em outros locais registrados pelo filme. Ou seja, a diretora não faz uso de atores em *Justiça* e mesmo assim as cenas fora do Tribunal estão longe de ter o impacto que essa opção possui em *Juízo*. É mesmo difícil usar a palavra "ator" para falar dessas intervenções, tamanha a possibilidade de esses jovens estarem no lugar dos acusados. Trata-se do mesmo horizonte social e cultural, de uma dificuldade de sobreviver semelhante, de uma incapacidade de se expressar comum a todos eles.

A reversibilidade de papéis faz nossa percepção vacilar e imprime ao filme uma camada suplementar de sentido. Não se trata em absoluto de um procedimento visando apenas atender a um voyeurismo do espectador que quer sempre ver mais, ou de uma facilidade para a compreensão do filme. Maria Augusta Ramos consegue transformar um recurso de *mise-en-scène*, inerente às condições de produção do filme, em uma opção reveladora de um risco real que ameaça a maioria dos jovens pobres das grandes cidades brasileiras.

Serras da desordem

Já *Serras da desordem* (melhor filme, com *Anjos do Sol*, no 34º Festival de Gramado, em 2006) põe em cena a trajetória de Carapiru, índio nômade da tribo Awá Guajá (do norte do Maranhão), sobrevivente de um massacre contra seu grupo familiar promovido em 1978 por jagunços contratados por fazendeiros – provavelmente interessados em explorar uma das maiores reservas de recursos naturais da Amazônia legal. Durante dez anos, Carapiru perambula pelos confins do Brasil central, sendo descoberto pelo Incra e pela Funai em 1988, num lugarejo no oeste da Bahia, distante dois mil quilômetros de seu ponto de origem. É levado para Brasília, onde seu "aparecimento" provoca comoção nacional e cobertura melodramática da imprensa, intensificada pelo episódio que se seguiu: o índio jovem trazido do Maranhão como intérprete é seu filho, também sobrevivente do massacre, criado durante alguns anos pelos mesmos fazendeiros que ordenaram a matança. É essa história de largo espectro que Andrea Tonacci se propõe a contar, numa ficção documental que cobre quase 30 anos da história do Brasil.

No percurso incomum de Tonacci, *Serras da desordem* pode ser visto como um filme-síntese. A partir de meados dos anos 70, o cineasta, célebre pela realização do notável longa ficcional *Bang bang* (1971), envolveu-se com uma série de projetos indígenas, utilizando inclusive equipamentos de vídeo pioneiros no Brasil. Dirigiu *Conversas no Maranhão* (filmado em 1977 mas só concluído em 1983), resultado de uma longa permanência entre os índios canela, que viviam na época o processo conflituoso de demarcação de suas terras. Já nos anos 80, com Sidney Possuelo (sertanista que é personagem de *Serras da desordem* e um dos responsáveis por garantir a volta de Carapiru a seu povo em 1988), lançou-se na aventura de filmar a expedição de primeiro contato com os arara, povo nômade atingido pela construção da Transamazônica. Os documentários resultantes (*Os Arara*, série em três episódios para a TV, um deles inacabado) são notáveis, entre outros aspectos, por quase não mostrar os índios (objetos da busca dos brancos – incluído o documentarista – que fugiam tenazmente da expedição de contato).

Em *Serras da desordem*, de Andrea Tonacci, a narração da trajetória do índio Carapiru produz uma permanente ambigüidade entre ficção e documentário, fruto da mistura entre registros do presente e encenações do passado.

Para contar a história de Carapiru, e a partir dela produzir múltiplas conexões, *Serras da desordem* mobiliza uma heterogeneidade significativa de materiais e procedimentos: um vasto arquivo de filmes que inclui matérias telejornalísticas, filmes de ficção e documentais (como *Iracema, uma transa amazônica* (1974), de Jorge Bodanzky e Orlando Senna, e *A cabra na região semi-árida* (1966), de Rucker Vieira); entrevistas sobre o passado e sobretudo encenações, tendo o próprio Carapiru e pessoas que conheceu no percurso como atores, fazendo os próprios papéis 20 anos antes; além de cenas que documentam o presente da aldeia awá guajá, onde vive Carapiru. Misturam-se texturas, qualidades de imagem, cor e preto-e-branco. Mais do que isso, os diferentes estilos de "contar" mobilizados pela narração, no curso do filme, endossam uma atitude de não-didatismo, propondo ao espectador que monte as peças de uma história que envolve tempos e espaços diversos, à medida que a assiste.[30]

Muitos aspectos desconcertam neste filme singular, mas destacaremos apenas um deles. *Serras da desordem* é encenado pelos protagonistas da história real, o que provoca uma permanente ambigüidade entre documentação do presente e reconstituição do passado, uma instigante contaminação ficção-documentário, derivada sobretudo dessa "convivência de temporalidades", como afirmou em entrevista Ismail Xavier.[31] Já que Carapiru, protagonista da história real, interpreta seu próprio papel no passado, duas camadas constantemente interagem: Carapiru é ator, agente da ficção (nas encenações do passado), e é "ele mesmo", objeto do olhar "documental" do filme (no presente). Cada uma das cenas de reconstituição implica também um reencontro (bem presente) com aqueles que Carapiru conheceu 20 anos antes, em sua jornada pelo Brasil central. Em cada situação, portanto, no sertão da Bahia ou em Brasília, estamos sempre a ajustar o canal: em que regime de atuação se encontram Carapiru e as pessoas com que ele interage? A ambigüidade entre pessoa e personagem parece reforçar a alteridade de Carapiru, a indevassabilidade de sua experiência, nunca revelada ou acessada por inteiro. Como bem apontou Ismail Xavier: "O jogo de interrupções, o vai-e-vem de Tonacci nos convida a viver a instabilidade das imagens, a indecisão. Mesmo quando o quebra-cabeça começa a se resolver no nível pragmático da biografia, a poeira já levantada em seu cinema-processo acentua até o fim o campo das incertezas, o que há de lacunar, intersticial, na cena visível."[32]

Santiago

Em *Santiago*, João Salles coloca em prática uma idéia que vinha defendendo com afinco nos últimos anos: a produção de documentários no Brasil deve se voltar para temas próximos à vida dos diretores, evitando-se filmar apenas o "outro". Salles talvez se referisse, indiretamente, ao filme iniciado por ele em 1992, e não concluído, sobre o mordomo que trabalhou com a família Moreira Salles por quase trinta anos.* Em agosto de 2005, decide se confrontar com as nove horas do material filmado e finaliza *Santiago*, que adquire um subtítulo – *Uma reflexão sobre o material bruto* – e uma outra densidade. É um filme que contém muitas histórias: um documentário sobre

* Embora não corresponda ao "Outro" clássico (moraram inclusive, por anos, na mesma casa), Santiago não deixa de ser "outro" ("outro íntimo", talvez) para o documentarista. Talvez possamos dizer, com Ilana Feldman, que Salles assume nesse filme que "todo documentário sobre o outro é um documentário sobre si, assim como se costuma dizer que toda crítica é uma autobiografia". No texto "Santiago sob suspeita", ela desenvolve considerações de grande interesse sobre as "camadas" de Santiago, sobre suas "revelações" e "enganos".

um mordomo, mas também uma carta filmada do diretor dirigida aos irmãos compartilhando memórias, um ensaio fílmico sobre como fazer (ou não fazer) um documentário e uma homenagem póstuma ao personagem.

Santiago é de fato um personagem e tanto. Conjuga habilidade narrativa com histórias incomuns de vida: nascido na Argentina, começou a trabalhar com uma família aristocrática em Buenos Aires, contraindo desde então uma paixão por tudo o que dissesse respeito à vida de reis e rainhas, a nobreza em geral, real ou imaginária, pouco importava. É com fascínio por esse mundo que ele conta as histórias dos grandes jantares e festas na mansão da família Moreira Salles na Gávea, as tarefas que envolviam a arrumação da casa, as mesas, as flores, a orquestra, os nobres e distintos que as freqüentavam. São pequenas narrativas que desvelam aqui e ali a dureza do trabalho contínuo, a dificuldade de uma vida privada, a submissão do mordomo a uma ordem estabelecida.

O documentário, contudo, está longe de ser só isso. Salles decide também expor no filme, implacavelmente, o que percebeu ao rever o material de 1992: o quanto se manteve distante de Santiago ao longo dos cinco dias de filmagem, o quanto impôs a ele uma idéia prévia de filme, o quanto não entendeu o que de fato importava naquele reencontro. Uma compreensão que se deu, de certa maneira, tarde demais. Santiago morreu poucos anos depois das gravações, e o que foi filmado não poderia ser mudado.

Mas é dessa sensação de "tarde demais" que Salles extrai as condições para finalizar o filme. Retoma erros, mal-entendidos e incompreensões cometidas por ele ao longo da filmagem de 1992 e os evidencia, sem meias palavras, sem subterfúgios. Exibe truques e manipulações efetuadas 13 anos antes e afirma na narração: "É difícil saber até onde íamos em busca do quadro perfeito, da fala perfeita." Desmonta imagens e sons e adverte o espectador: desconfiem do que seus olhos vêem.

Deparamo-nos com um diretor por vezes déspota, irritado, apressado, incapaz de estabelecer uma efetiva interação com Santiago, que tenta a seu modo acertar e fazer aquilo que o diretor quer. "Santiago, vai de novo, não olha para a gente, não. Não olha!" diz Salles em uma das seqüências, ou ainda: "Fala logo que estamos com um pouco de pressa." Raras vezes na história do documentário um cineasta explicitou de tal maneira segredos que ficam, na maior parte dos casos, perdidos no material não usado dos filmes.

Santiago, de João Salles, é uma reflexão sobre a realização de documentários e uma corajosa autocrítica, que desmonta imagens e sons e adverte o espectador: desconfie do que seus olhos vêem.

A montagem extremamente hábil insere várias repetições de uma mesma fala do mordomo, mantendo hesitações e silêncios, intensificando o desconforto tanto do personagem quanto do espectador. São momentos em que opressões vividas pelo mordomo ao longo da vida parecem se manifestar de forma mais contundente, e é isso que Salles constata ao dizer, perto do final do filme: "Durante os cinco dias de filmagem eu nunca deixei de ser o filho do dono da casa e ele nunca deixou de ser o nosso mordomo."

Mas o filme tampouco se limita a essa dimensão confessional. João Salles vai gradualmente ao encontro de Santiago e revê o que na época não o havia interessado: as 30 mil páginas de histórias da nobreza de todos os tempos pesquisadas em bibliotecas e transcritas pelo mordomo ao longo de mais de meio século. Uma tentativa quase insana de impedir que aquelas vidas desaparecessem da memória. O diretor traz para o filme fragmentos desses escritos, assim como comentários pessoais de Santiago encontrados em meio aos textos. Refaz, a seu modo, o gesto do ex-mordomo e retira Santiago do esquecimento a que as imagens de 1992 o haviam condenado. *Santiago* é, acima de tudo, a narrativa perturbadora e comovente de um aprendizado e de uma transformação de um cineasta no confronto com ele mesmo em um outro momento da vida. Transformação "sutil e sem alarde", como diz Salles no final do filme, e que ficou clara no reencontro com as imagens de Santiago.

Jogo de cena

Podemos pensar inicialmente que a experiência do espectador de *Jogo de cena* é bastante próxima daquela produzida por outros documentários de Eduardo Coutinho. Afinal, o essencial não parece ter mudado. O filme nos coloca novamente diante de pessoas contando histórias de vida ao cineasta, no estilo minimalista que marca a obra de Coutinho desde *Santo forte* (1999). Só que, dessa vez, são todas mulheres, e o que as une é o fato de terem atendido a um anúncio nos classificados de um jornal carioca convidando-as a participar de um documentário. Por que só mulheres? Porque falam com mais facilidade das suas dores e alegrias, diz Coutinho; e também porque, para ele, mulheres são o que ele não é, o "outro" que busca em seus filmes. Conversam com o diretor em um palco de teatro, e não mais em uma locação real — nem favela nem prédio. Falam de trabalho, cotidiano, relações afetivas e especialmente dos filhos. Histórias de amor, cuidado e dificuldades, perda, dor e sofrimento, mas também de enfrentamento e recuperação moral; histórias de filhos criados, a maioria deles sem pais por perto. Temas e questões que lembram aqueles de *Tudo sobre minha mãe*, de Pedro Almodóvar.

O filme tem muitas camadas e essa é a primeira delas. O título *Jogo de cena* sugere outra. Coutinho convidou atrizes para interpretar mulheres com quem já havia conversado e faz uma articulação inesperada entre esses vários depoimentos. Dissolve distinções entre o que é encenado e o que é real e produz mudanças, ao longo do filme, na forma de o espectador se relacionar com as imagens e sons. Se diante das atrizes conhecidas somos tentados, inicialmente, a julgar seu desempenho, *Jogo de cena* nos retira desse lugar e propicia um outro tipo de experiência: a de compartilhar com atrizes talentosas e reconhecidas angústias e dificuldades inerentes à encenação de personagens reais. Andréa Beltrão provoca em muitos momentos um curto-circuito comovente entre suas sensações e as da personagem. Fernanda Torres interrompe algumas vezes sua atuação, diz a Coutinho que parece estar mentindo e explicita a dureza de interpretar uma personagem real: "A realidade esfrega na sua cara onde você poderia estar e não chegou." Marília Pêra interpreta uma personagem extremamente emotiva, mas esbarra numa atuação distanciada. *Jogo de cena* exibe

Um filme de muitas camadas, desde o título: *Jogo de cena*, de Eduardo Coutinho, desconcerta, comove e provoca o espectador com sua mistura ora velada, ora explícita de realidade e encenação.

essas variações na forma de atuar e leva o espectador a compreender a arte de representar como algo instável, inseguro e exposto a riscos – extremamente próximo do documentário, tal como concebe Eduardo Coutinho.

Em relação às atrizes e personagens desconhecidas, as questões são outras. Mulheres anônimas narrando momentos íntimos de vida para a câmera de Coutinho adquirem, a nossos olhos, a força da verdade, reafirmando de imediato nossa crença na imagem documental. Mas pedaços de histórias já narradas começam a voltar em uma frase, em um rap, em um relato, instilando-nos pouco a pouco a dúvida a respeito do que vemos no filme: uma pessoa real relatando sua história ou uma atriz desconhecida representando?

"Autêntico", "verdadeiro", "espontâneo", adjetivos que sempre acompanharam a recepção dos documentários do diretor, mesmo que à revelia de Coutinho (que sempre enfatizou a dimensão de fabulação e "encenação de si" contida nos depoimentos de personagens reais), são estilhaçados um a um. A incerteza se espraia pelo filme todo, atinge famosos e anônimos, e não sabemos ao final a quem pertencem as hesitações e os silêncios de Andréa Beltrão e Fernanda Torres – se às atrizes ou às personagens que reinterpretam. Perdemos o controle sobre o que é ou não encenado, e os indícios de que o filme está nos "enganando" nos fazem entrar, paradoxalmente, ainda mais no jogo proposto. Nos emocionamos duas vezes com o mesmo caso, já sem querer saber qual das mulheres é a "verdadeira" dona da história. Até porque não há garantia possível: as duas podem ser "falsas", atrizes fazendo o papel de uma terceira pessoa que não está no filme. Assomam as narrativas como foco de interesse do filme, lugar de dramatização e organização do vivido, de produção de "verdades", ditos e episódios exemplares. Um filme sobre histórias, poderíamos dizer, mais do que sobre personagens.

O que esses quatro documentários têm em comum, e que é praticamente inédito na produção atual brasileira, é a capacidade de perturbar a crença do espectador naquilo a que ele está assistindo, de suscitar dúvidas a respeito da imagem documental e de fazer com que essa percepção seja menos uma compreensão intelectual e mais uma experiência sensível. Curioso, e também sintomático, que por caminhos diversos, e sem que houvesse intenção dos diretores, eles tenham realizado filmes que nos obrigam a nos relacionar com situações audiovisuais novas, a renunciar ao desejo de controle sobre o que é ou não real, a nos deparar com o fato de que a fronteira entre o mundo e a cena inexiste em muitos casos; e que, mesmo assim, não deixamos de nos envolver com o que vemos.

Acreditar, não acreditar, não acreditar mais, acreditar apesar de tudo: essas são questões que agitam o cinema desde o início, lembra-nos o crítico francês Jean-Louis Comolli, em oposição à produção televisiva dominante que impõe ao telespectador a ilusão do lugar do controle, do que sabe, julga e decide. Espetáculos de realismo, telejornais, telenovelas, publicidade, programas de variedades respondem a todas as supostas demandas da "audiência" com explicações, informações, reiterações, eliminando ambigüidades, paradoxos, contradições. O telespectador é incessantemente assegurado e esclarecido a respeito do que vê na imagem, procedimento que faz ele acreditar ser "mestre do jogo", predispondo-o a sofrer manipulações de todo tipo justamente por considerar tarefa fácil se situar em meio às imagens do mundo.

Já um certo tipo de cinema faz da incerteza e da oscilação entre a crença e a descrença a condição essencial do espectador. Uma instabilidade que o obriga a se confrontar com os seus limites e perceber que "a posição de controle é insustentável, tanto no cinema quanto na vida".[33] Uma premissa simples descartada pela maior parte das produções midiáticas talvez por conter possibilidades de evidenciar para o espectador o fato de que ele pode, sim, ser manipulado a todo instante, de que não há nada nas imagens que garanta sua veracidade ou autenticidade, de que tudo pode ser simulado, e que saber disso já é um bom ponto de partida para compreender melhor o que se passa à nossa volta.

O que não quer dizer que a imagem não valha nada: ela pode mentir, falsificar, simulando dizer a verdade, mas pode também ser associada a outras imagens e outros sons para fabricar experiências inéditas, complexificar nossa apreensão do mundo, abrir nossa percepção para outros modos de ver e saber. As imagens são frágeis, impuras, insuficientes para falar do real, mas é justamente com todas as precariedades, a partir de todas as lacunas, que é possível trabalhar com elas. Os quatro filmes aqui em questão produzem experiências e reflexões através da forma como são montados. É na articulação das imagens no tempo da projeção que oscilações, incertezas, sensações, reflexões e aprendizados se dão; é na duração que a impressão de realidade e a crença do espectador tão caras à tradição do documentário são colocadas em questão. São filmes que levam o espectador a se perguntar: o que eu vejo nessa tela? Realidade, verdade, simulacro, manipulação, ficção, tudo ao mesmo tempo? Questões que, segundo Comolli, pertenciam apenas ao cinema, mas que, diante de um mundo-espetáculo, se transformaram em questões que dizem respeito a todos nós.

Anexo

Filmes documentais brasileiros lançados no cinema

(de 1996 a 2007)*

1996 *Todos os corações do mundo* (Murilo Salles)

1997 *O cineasta da selva* (Aurélio Michiles)
O velho: a história de Luiz Carlos Prestes (Toni Venturi)

1998 *Tudo é Brasil* (Rogério Sganzerla)

1999 *Fé* (Ricardo Dias)
Histórias do Flamengo (Alexandre Niemeyer)
Nós que aqui estamos por vós esperamos (Marcelo Masagão)
Santo forte (Eduardo Coutinho)

2000 *Babilônia 2000* (Eduardo Coutinho)
Bahia de todos os sambas (Paulo César Saraceni e Leon Hirszman)
O rap do pequeno príncipe contra as almas sebosas (Paulo Caldas e Marcelo Luna)
Pierre Verger: mensageiro entre dois mundos (Lula Buarque de Holanda)
Terra do mar (Eduardo Caron e Mirella Martinelli)
Um certo Dorival Caymmi (Aluisio Didier)

* Dados: Filme B (www.filmeb.com.br). Não listamos os documentários produzidos para difusão prioritária na televisão, por indisponibilidade de mapeamento.

2001	*2000 nordestes* (David França Mendes) *Anésia: um vôo no tempo* (Ludmila Ferolla) *Barra 68* (Vladimir Carvalho) *Nelson Gonçalves* (Eliseu Ewald) *O chamado de Deus* (José Joffily) *O sonho de Rose (10 anos depois)* (Tetê Moraes) *Senta a pua!* (Erik de Castro)
2002	*Edifício Master* (Eduardo Coutinho) *Janela da alma* (João Jardim e Walter Carvalho) *Nem gravata nem honra* (Marcelo Masagão) *Onde a terra acaba* (Sérgio Machado) *Ônibus 174* (José Padilha) *Poeta de sete faces* (Paulo Thiago) *Rocha que voa* (Eryk Rocha) *Surf adventures: o filme* (Arthur Fontes) *Timor Lorosae: o massacre que o mundo não viu* (Lucélia Santos) *Viva São João!* (Andrucha Waddington)
2003	*Banda de Ipanema: folia de Albino* (Paulo César Saraceni) *Nelson Freire* (João Salles) *Paulinho da Viola: meu tempo é hoje* (Izabel Jaguaribe) *Um passaporte húngaro* (Sandra Kogut) *Zico* (Eliseu Ewald)
2004	33 (Kiko Goifman) *À margem da imagem* (Evaldo Mocarzel) *Entreatos* (João Salles) *Evandro Teixeira: instantâneos* (Paulo Fontenelle) *Fábio Fabuloso* (Pedro Cezar, Ricardo Bocão, Antonio Ricardo) *Fala tu* (Guilherme Coelho) *Glauber, o filme: labirinto do Brasil* (Silvio Tendler) *Justiça* (Maria Augusta Ramos) *Língua: vidas em português* (Victor Lopes) *Motoboys: vida loca* (Caíto Ortiz) *O prisioneiro da grade de ferro: auto-retratos* (Paulo Sacramento) *Pelé eterno* (Aníbal Massaini) *Peões* (Eduardo Coutinho) *Raízes do Brasil: uma cinebiografia de Sérgio Buarque de Holanda* (Nelson Pereira dos Santos) *Rio de Jano* (Anna Azevedo, Eduardo Souza Lima e Renata Baldi) *Samba Riachão* (Jorge Alfredo)

2005 *A pessoa é para o que nasce* (Roberto Berliner)
Coisa mais linda: histórias e casos da Bossa Nova (Paulo Thiago)
Doutores da alegria: o filme (Mara Mourão)
Extremo sul (Monica Schmiedt, Sylvestre Campe)
Mensageiras da luz: parteiras da Amazônia (Evaldo Mocarzel)
Moro no Brasil (Mika Kaurismäki)
Morro da Conceição (Cristiana Grumbach)
O cárcere e a rua (Liliana Sulzbach)
O fim e o princípio (Eduardo Coutinho)
Preto e branco (Carlos Nader)
Soldado de Deus (Sérgio Sanz)
Sou feia mas tô na moda (Denise Garcia)
Vinicius (Miguel Faria Jr.)
Vlado: 30 anos depois (João Batista de Andrade)
Vocação do poder (Eduardo Escorel e José Joffily)

2006 *A família Alcântara* (Daniel Solá Santiago, Lilian Solá Santiago)
A mochila do mascate (Gabriela Greeb)
A odisséia musical de Gilberto Mendes (Carlos de Moura Ribeiro Mendes)
Carnaval, bexiga, funk e sombrinha (Marcus Vinícius Faustini)
Dia de festa (Toni Venturi)
Do luto à luta (Evaldo Mocarzel)
Do outro lado do rio (Lucas Bambozzi)
Dom Hélder Câmara: o santo rebelde (Erika Bauer)
Estamira (Marcos Prado)
Ginga: a alma do futebol brasileiro (Hank Levine, Marcelo Machado e Tocha Alves)
Intervalo clandestino (Eryk Rocha)
Meninas (Sandra Werneck)
Moacir arte bruta (Walter Carvalho)
Nzinga (Octávio Bezerra)
O dia em que o Brasil esteve aqui (Caíto Ortiz, João Dornelas)
O homem pode voar (Nelson Hoineff)
O Sol: caminhando contra o vento (Tetê Moraes)
Olhar estrangeiro (Lúcia Murat)
Soy Cuba: o mamute siberiano (Vicente Ferraz)
Tow in Surfing (Álvaro Otero, Jorge Guimarães, Rosaldo Cavalcanti)
Um craque chamado Divino (Penna Filho)
Zé Pureza (Marcelo Ernandez)

2007 *500 almas* (Joel Pizzini)
À margem do concreto (Evaldo Mocarzel)
Aboio (Marília Rocha)
Brasileirinho: grandes encontros do choro (Mika Kaurismäki)
Caparaó (Flavio Federico)
Cartola: música para os olhos (Lírio Ferreira, Hílton Lacerda)
Em trânsito (Henri Gervaiseau)
Encontro com Milton Santos ou O mundo global visto do lado de cá (Silvio Tendler)
Fabricando Tom Zé (Decio Matos Jr.)
Faixa de areia (Daniela Kallmann e Flávia Lins e Silva)
Gigante: como o Inter conquistou o mundo (Gustavo Spolidoro)
Grupo Corpo 30 anos: uma família brasileira (Fábio Barreto, Marcelo Santiago)
Helena Meirelles: a dama da viola (Francisco de Paula)
Hércules 56 (Silvio Da-Rin)
Histórias do rio Negro (Luciano Cury)
Inacreditável: a batalha dos aflitos (Beto Souza)
Jogo de cena (Eduardo Coutinho)
Mestre Bimba: a capoeira iluminada (Luiz Fernando Goulart)
O engenho de Zé Lins (Vladimir Carvalho)
O mundo em duas voltas (David Schürmann)
O profeta das águas (Leopoldo Nunes)
Oscar Niemeyer: a vida é um sopro (Fabiano Maciel)
Pampulha ou A invenção do mar de Minas (Oswaldo Caldeira)
Maria Bethânia – Pedrinha de Aruanda (Andrucha Wadington)
Porto Alegre: meu canto no mundo (Cícero Aragon, Jaime Lerner)
Pro dia nascer feliz (João Jardim)
Santiago (João Salles)
Três irmãos de sangue (Ângela Patrícia Reiniger)

Notas

1. Este texto retoma questões e reflexões que desenvolvemos em outros artigos e intervenções. Em especial, de forma muito ampliada e modificada, o artigo "Aspectos do documentário brasileiro contemporâneo", publicado no livro *Cinema mundial contemporâneo* (Campinas, Papirus, 2008), organizado por Mauro Baptista & Fernando Mascarello.

2. C.A. Calil, "A conquista da conquista do mercado", p.159.

3. J. Salles, "Notícias de um cinema do particular", *Revista Sexta-Feira*, v.8, 2006, p.157-8.

4. Em seu texto "Indagações em torno de Eduardo Coutinho e seu diálogo com a tradição moderna", Ismail Xavier desenvolve, a partir de *Edifício Master*, considerações agudas sobre a construção do personagem e o empenho pela "reposição do sujeito" no cinema de Coutinho – que valoriza a oralidade para "combater a situação de assimetria na divisão dos poderes" (que a relação diretor–entrevistado dramatiza), na contramão de um uso mais freqüente da entrevista no cinema e na TV.

5. J.-C. Bernardet, *Cineastas e imagens do povo*, p.126-7, 110.

6. *O cinema brasileiro moderno*. São Paulo, Paz e Terra, 2001.

7. L. Saraiva, "Estamira".

8. J.-C. Bernardet, op.cit., p.286.

9. Ibid., p.295.

10. L. Saraiva, "Câmera de mão em mão: *O prisioneiro da grade de ferro – auto-retratos*", p.176. Em sua análise, Leandro Saraiva trabalha muito bem com o que chama de duas "dimensões estruturantes" do filme: "o registro pessoal na filmagem e a síntese coletiva na montagem". Dentre os registros pessoais realizados pelos presos, ele destaca e analisa a "noite de um detento", em que Joel e Marcos expressam, a partir do registro de uma noite na cela, sua "condição existencial" naquela situação – e de uma perspectiva que nenhum cineasta poderia realizar.

11. I. Xavier, "Humanizadores do inevitável", p.12.

12. I. Bentes, "Câmera muy very good pra mim trabalhar".

13. Citado por Ivana Bentes no texto "Câmera muy very good pra mim trabalhar".

14. Algumas análises sobre essa produção se encontram nos artigos "Alargando as margens" e "Histórias de luta", de Cláudia Mesquita.

15. Ver I. Bentes, "*Aqui Agora*: o cinema do submundo ou o tele-show da realidade", p.44-8, e E. Hamburguer, "Políticas da representação: ficção e documentário em *Ônibus 174*".

16. I. Bentes, "*Aqui Agora*: o cinema do submundo ou o tele-show da realidade", p.44.

17. E. Hamburger, op.cit., p.204.

18. J.-L. Comolli, "Sob o risco do real", p.101.

19. I. Xavier, "O cinema brasileiro dos anos 90", p.104.

20. J.-C. Bernardet, "Novos rumos do documentário brasileiro?", p.24-6. Bernardet analisa os dois filmes nesse texto e em "Documentários de busca: 33 e *Um passaporte húngaro*".

21. J.-C. Bernardet, "Documentários de busca: 33 e *Um passaporte húngaro*", p.148-9.

22. J.G. Couto, *Folha de S. Paulo*, 28 jun 2007.

23. Uma abordagem mais detida do conceito de dispositivo e de sua presença na produção e no debate sobre o documentário recente no Brasil se encontra no texto "O filme-dispositivo no documentário brasileiro contemporâneo", de Consuelo Lins.

24. J.-L. Comolli, "Sob o risco do real", p.99, 111. Ver também *Voir et pouvoir*.

25. Cao Guimarães, em texto na contracapa do vídeo *Rua de mão dupla*. Uma discussão mais longa e aprofundada sobre a obra e suas ressonâncias se encontra em "*Rua de mão dupla*: documentário e arte contemporânea", de Consuelo Lins.

26. O paulista Carlos Nader, documentarista e videomaker, diretor de *Concepção* (2001), *Carlos Nader* (1998), *Preto e branco* (2004) e *Pan-cinema permanente* (2007), também trabalha articulando dimensões da arte contemporânea com certas práticas documentais. Andréa França analisa algumas obras de Nader e Lucas Bambozzi em "Documentário brasileiro e artes visuais: passagens e verdades possíveis".

27. André Brasil tece relações inspiradoras entre *Aboio* e *Andarilho* no texto "Quando as palavras cantam, as imagens deliram". Entre outros aspectos, ele aponta a imbricação entre ambiente natural, experiência e linguagem (de andarilhos e vaqueiros) nos dois filmes.

28. Em Minas Gerais, o grupo de música experimental O Grivo tem tido participação decisiva na captação de som direto e na elaboração dos "ambientes sonoros" dos documentários recentes produzidos no estado (*O fim do sem fim*, *A alma do osso*, *Aboio*, *Andarilho*, *Trecho*, entre outros).

29. No texto "DOCTV: uma outra percepção do documentário na TV", Cléber Eduardo aponta, em documentários como *Acidente* e *Uma encruzi-*

lhada aprazível, o que chama de "cultivo de uma percepção", visado "antes da transmissão de informação sobre qualquer tema, lugar ou contexto". Ele volta ao tema em "Esquinas cearenses", que inclui comentário sobre *As vilas volantes*.

30. Em seu artigo "As artimanhas do fogo, para além do encanto e do mistério", Ismail Xavier dá conta com grande acuidade das operações realizadas pelo filme e dos desafios propostos ao espectador de *Serras da desordem*.

31. Entrevista a Silvana Arantes. *Folha de S. Paulo*, Caderno "Ilustrada", 3 fev 2007.

32. I. Xavier, "As artimanhas do fogo, para além do encanto e do mistério", p.18.

33. J.-L. Comolli, *Voir et pouvoir*, p.418.

Referências bibliográficas

BENTES, Ivana. "*Aqui Agora*: o cinema do submundo ou o tele-show da realidade", *Revista Imagens*, Campinas, Unicamp, ago 1994.

_______. "Câmera muy very good para mim trabalhar", in www.videonasaldeias.org.br

BERNARDET, Jean-Claude. *Cineastas e imagens do povo*. São Paulo, Companhia das Letras, 2003.

_______. "Novos rumos do documentário brasileiro?", in *Catálogo do "forumdoc.bh.2003 – VII Festival do Filme Documentário e Etnográfico de Belo Horizonte"*. Belo Horizonte, Filmes de Quintal, 2003, p.24-27.

_______. "Documentários de busca: 33 e *Um passaporte húngaro*", in Maria Dora Mourão & Amir Labaki (orgs.), *O cinema do real*. São Paulo, Cosac Naify, 2005.

BRASIL, André. "Quando as palavras cantam, as imagens deliram", *Revista Cinética* (www.revistacinetica.com.br/aboioandarilho.htm).

CALIL, Carlos Augusto. "A conquista da conquista do mercado", in Maria Dora Mourão & Amir Labaki (orgs.), *O cinema do real*. São Paulo, Cosac Naify, 2005.

COMOLLI, Jean-Louis. *Voir et pouvoir. L'Innocence perdue: cinéma, télévision, fiction, documentaire*. Paris, Verdier, 2004.

_______. "Sob o risco do real", in *Catálogo do "forumdoc.bh.2001 – V Festival do Filme Documentário e Etnográfico de Belo Horizonte"*. Belo Horizonte, Filmes de Quintal, 2001.

EDUARDO, Cléber. "DOCTV: uma outra percepção do documentário na TV" e "Esquinas cearenses", *Revista Cinética* (www.revistacinetica.com.br/doctv.htm e www.revistacinetica.com.br/doctvesquinas.htm).

FELDMAN, Ilana. "*Santiago* sob suspeita", *Revista Trópico* (http://pphp.uol.com.br/tropico/html/textos/2907,1.shl).

FRANÇA, Andréa. "Documentário brasileiro e artes visuais: passagens e verdades possíveis", *ALCEU – Revista de Comunicação, Cultura e Política* vol.7, nº 13. Departamento de Comunicação/PUC-Rio, jul-dez 2006.

Guimarães, César. "O retorno do homem ordinário do cinema", *Contemporânea – Revista de Comunicação e Cultura* vol.3, nº 2. Salvador, Faculdade de Comunicação/UFBA, jul-dez 2005.

Hamburguer, Esther. "Políticas da representação: ficção e documentário em *Ônibus 174*", in Maria Dora Mourão & Amir Labaki (orgs.), *O cinema do real*. São Paulo, Cosac Naify, 2005.

Holanda, Karla. "Documentário brasileiro contemporâneo e a micro-história", *Devires* vol.2, nº 1, p.86-101. Belo Horizonte, jan-dez 2004.

Labaki, Amir. *Introdução ao documentário brasileiro*. São Paulo, Francis, 2006.

Lins, Consuelo. *Eduardo Coutinho – televisão, cinema e vídeo*. Rio de Janeiro, Jorge Zahar, 2004.

______. "O filme-dispositivo no documentário brasileiro contemporâneo", in *Sobre fazer documentários*. São Paulo, Itaú Cultural, 2007.

______. "Tempo e dispositivo no documentário de Cao Guimarães", *Devires: Cinema e Humanidades* vol.4, nº 2. Belo Horizonte, UFMG, jul-dez 2007.

______. "O ensaio no documentário e a questão da narração em off", in João Freire e Micael Herschmann (orgs.), *Novos rumos da cultura da mídia*. Rio de Janeiro, Mauad X, 2007.

______. "*Rua de mão dupla*: documentário e arte contemporânea", in Maria Dora Mourão & Amir Labaki (orgs.), *O cinema do real* 2 (no prelo).

Lins, Consuelo e Cláudia Mesquita. "Aspectos do documentário brasileiro contemporâneo", in Mauro Baptista & Fernando Mascarello (orgs.), *Cinema mundial contemporâneo*. Campinas, Papirus, 2008.

Mattos, Carlos Alberto. *Docblog: novas e boas do documentário*. http://oglobo.globo.com/blogs/docblog/

Mesquita, Cláudia. "Alargando as margens", in Arlindo Machado (org.), *Made in Brasil – Três décadas do vídeo brasileiro*. São Paulo, Itaú Cultural, 2003.

______. "Histórias de luta", in "Retrato do Brasil nº 6 (Os limites do cinema brasileiro)", *Revista Reportagem*, ano V, edição 75, jan-fev 2006.

______. "A Caravana Farkas e nós", *Sinopse – Revista de Cinema* nº 11, ano VIII, set 2006.

______. "Outros retratos – Ensaiando um panorama do documentário independente no Brasil", in *Sobre fazer documentários*. São Paulo, Itaú Cultural, 2007.

Mesquita, Cláudia e Leandro Saraiva (orgs.). *Catálogo da Retrospectiva Diretores Brasileiros – Eduardo Coutinho (Cinema do Encontro)*. São Paulo, Centro Cultural Banco do Brasil, 2003.

Mourão, Maria Dora & Amir Labaki (orgs.). *O cinema do real*. São Paulo, Cosac Naify, 2005.

Neves, David. "A descoberta da espontaneidade – breve histórico do cinema direto no Brasil", *Contracampo Revista de Cinema* (www.contracampo.com.br).

SALLES, João. "Notícias de um cinema do particular". *Revista Sexta-Feira, Antropologia, Artes, Humanidades* nº 8, p.148-63. São Paulo, Ed. 34, 2006.

SARAIVA, Leandro. "Câmera de mão em mão: *O prisioneiro da grade de ferro – auto-retratos*", *Novos Estudos Cebrap* nº 68, mai 2004, p.176-81.

______. "Estamira", publicado no folder do evento "Encontro com o Cinema Brasileiro – Estamira", Centro Cultural Banco do Brasil. São Paulo, 27 set 2005.

SARAIVA, Leandro e Ismail Xavier. "Um novo ciclo", in "Retrato do Brasil nº 6 (Os limites do cinema brasileiro)", *Revista Reportagem*, ano V, edição 75, São Paulo, jan-fev 2006.

SCHWARZ, Roberto. "O Fio da Meada", in *Que horas são? – Ensaios*. São Paulo, Companhia das Letras, 1987, p.71-7.

SENRA, Stella. "Interrogando o documentário brasileiro", *Sinopse – Revista de Cinema* nº 10, ano IV, dez 2004.

XAVIER, Ismail. "O cinema brasileiro dos anos 90", *Revista Praga – Estudos marxistas* nº 9, p.97-138. São Paulo, Hucitec, jun 2000.

______.*O cinema brasileiro moderno*. São Paulo, Paz e Terra, 2001.

______. "Indagações em torno de Eduardo Coutinho e seu diálogo com a tradição moderna", in *Catálogo da Retrospectiva Diretores Brasileiros – Eduardo Coutinho (Cinema do Encontro)*. São Paulo, Centro Cultural Banco do Brasil, 2003.

______. "Humanizadores do Inevitável", *Sinopse – Revista de Cinema*, ano IV, nº 10, dez 2004.

______. "As artimanhas do fogo, para além do encanto e do mistério", in Daniel Caetano (org.), *Serras da desordem*. Rio de Janeiro, Azougue, 2008.

Créditos iconográficos

Foto de Claudia Sanz: p.19; fotos de Toca Seabra: p.33; fotos de Walter Carvalho: p.16, 35, 77.

As imagens não incluídas na lista acima foram reproduzidas diretamente dos filmes, e seu uso foi gentilmente autorizado pelos produtores e diretores.

Todos os esforços foram feitos para identificar as fontes das imagens aqui reproduzidas. Estamos prontos a corrigir eventuais falhas ou omissões em futuras edições.

Agradecimentos

A Pedro Butcher, pelas informações do portal *Filme B* - www.filmeb.com.br.

A Ismail Xavier e Tânia Caliari, pela leitura.

Aos diretores e fotógrafos que cederam imagens para publicação.

Aos editores e organizadores das publicações onde introduzimos algumas das idéias aqui retomadas ou desenvolvidas.

Este livro foi composto em Electra e Legacy Sans
e impresso pela Bartira Gráfica em maio de 2008.